中國学術思想 研究輯刊

十三編

林慶彰 主編

第11冊

嚴遵《老子指歸》義理析論

陳義堯 著

花木蘭文化出版社

國家圖書館出版品預行編目資料

嚴遵《老子指歸》義理析論／陳義堯 著 — 初版 — 新北市：
花木蘭文化出版社，2012〔民 101〕
目 4+158 面；19×26 公分
（中國學術思想研究輯刊 十三編：第 11 冊）
ISBN：978-986-254-795-3（精裝）
1.（周）李耳 2. 老子 3. 研究考訂 4. 學術思想
030.8   101002165

中國學術思想研究輯刊
十三編 第十一冊   ISBN：978-986-254-795-3

嚴遵《老子指歸》義理析論

作　　者　陳義堯
主　　編　林慶彰
總 編 輯　杜潔祥
出　　版　花木蘭文化出版社
發 行 所　花木蘭文化出版社
發 行 人　高小娟
聯絡地址　新北市永和區中正路五九五號七樓
　　　　　電話：02-2923-1455／傳眞：02-2923-1452
網　　址　http://www.huamulan.tw 信箱 sut81518@gmail.com
印　　刷　普羅文化出版廣告事業
封面設計　劉開工作室
初　　版　2012 年 3 月
定　　價　十三編 26 冊（精裝）新台幣 42,000 元

嚴遵《老子指歸》義理析論

陳義堯　著

作者簡介

陳義堯，1981年生，臺中人，現為臺灣師範大學國文所博士生。著有〈王弼旁通詮卦義蘊〉、〈試論王弼建立「聖人有情」說之理論意義〉等單篇論文。研究領域為兩漢、魏晉道家思想與易學思維，關注《易》、《老》、《莊》、《列》等相關議題。《嚴遵《老子指歸》義理析論》一書，係其完成於2007年的碩士論文。

提　要

　　嚴遵《老子指歸》以絕對虛無豁顯道體，藉「道」、「德」連用表達本體宇宙論；「道」以降有性漸增，有無反覆交融變化為「玄」，「德」實為「道」內容之體現，為一自然而然流洩之體現。《指歸》「自然」一詞，實隱含「道」生「德」之義；「道德因於自然」（〈道生一篇〉）即是以「自然」釋「道」、「德」連用之義。「德」之有性乃「道」之動，《指歸》「道德」連用實乃本體宇宙論式的講法，藉「生」表達本體之內容。《指歸》之宇宙生成由錞生不已的「德」推動「神明」開始，時間性由「神明」以降始有，氣概念亦自「神明」而始有、漸濃，物質性概念落於時空中而與全然無氣概念之「道」、「德」有別。「太和」之有性，藉清濁表現，然統攝於「和」下；「太和」之氣概念更為濃郁，清濁化為天地，方進入「形」之範疇。萬物在「自然」的「不生之生」下得其性命，然主體行為需合於「天地之道」方能贊生。

　　「玄教」之理論根基在「道德連用」，使由「玄」入「道」更具根源性與合法性。「玄教」為嚴遵建立儒道會通模式之成果。嚴遵所進行之儒道會通，道人、德人、仁人、義人、禮人此五人無論其虛無程度或儒道成分為何，均為一體相連，皆能獲得當下之肯定。《指歸》將宇宙差序格局與政治差序格局相比附，其連結關鍵即嚴遵之心身觀，以為二者別而有序，卻又通為一體。人君修身得道方能促使國家社會安定。「玄教」為制度面之設計，需有德者居之；上德之君猶如「玄教」之心臟，使有無兩面向能暢通流動。「和」與「正」分別代表天道與王道（人道）之理；《指歸》認為，聖人藉掌握「和」與「正」，通貫天人，進而通達絕對虛無之「道」，使盛德分明。「玄正」得「和」以治國，乃《指歸》道化政治之理想，亦為其儒道會通模式之軸轄。

　　《指歸》之成就有二：一為對「人」之關懷，無論是對人當下之肯定，或是在政治面之設計，皆略勝先秦道家一籌；二為對儒道之會通有一初步探討，並提出己身會通之模式。此二大成就來自於《指歸》義理確立「無」為本體，且因無、有具有互通性、辯證性，故將天人關係中的氣化部分大幅減低，使天人架構呈顯清爽之思辨結構。《指歸》之文字表述雖恍惚不已，然義理思路甚有系統，粲然可觀。《指歸》對東漢在野從事學術研究之道家人士，究竟發揮多大影響力，則有待史料佐證。

目 次

第一章　緒　論

　　往昔學界對於道家之研究，往往鎖定於先秦、魏晉二時期；隨著出土文獻的發現、黃老學說體系之建立，漢代道家之研究有了更進一步之發展。漢代道家前承先秦道家學說，引進氣化思想，除發展出治術化之黃老學之外，亦於此時衍生宗教化之道教；前者可以《淮南子》爲代表，後者則可以《老子想爾注》爲代表。先秦道家至漢代道家之演變，已漸漸清晰明朗，而前述兩條漢代道家之發展路線，亦均有學者專家進行細部之義理研究。然漢代道家至魏晉道家之演變，亦即魏晉玄學興起之內因外緣，至今猶有討論空間。嚴遵〔註1〕《老子指歸》〔註2〕之所以受重視，即在於其已具魏晉玄學貴無論之雛形；明白《指歸》義理，將有助於吾人明瞭貴無論之形成。

第一節　前人研究成果與侷限

　　關於《指歸》之研究，可以民國爲界。民國以前，《隋書》、《舊唐書》、《新唐書》、《經典釋文》等均提及《指歸》，甚而有谷神子爲之作注；然至宋代之時，

〔註1〕　嚴遵，西漢末年隱士，蜀郡成都人，原姓莊，名遵，字君平。班固作《漢書》，因避明帝劉莊諱，更莊爲嚴，稱嚴君平。嚴遵博覽群書，廣學多識，精通老莊之學，有老子注本《老子指歸》，其中文字龐雜，多採四字句。觀其生活，以卜筮爲業，平素好清靜，崇尚自然，然教人以忠孝禮義，歸本於自然無爲。嚴遵深受當地民眾、學者景仰，揚雄少時從其讀書，後居要職，常與當朝臣宰稱頌嚴君平。

〔註2〕　本文所用《指歸》引文，採用王德有點校《老子指歸》（北京：中華書局，1997年 10 月一版二刷）。吾人多從王德有版本異文之校，並於異文處說明版本文字之異。以下論及是書，均簡稱《指歸》，特此說明。

《指歸》漸不易得見，至明代則已出現散佚現象，明代《正統道藏》僅見七卷本，同時之胡震亨《秘冊彙函》依趙元度鈔本之嘉興刻本收錄六卷本。〔註3〕由於《指歸》之散佚，清代全祖望、《四庫全書總目提要》、邵懿辰、周中孚、陸心源、丁壽昌等，提出了今本《指歸》乃文士偽託之作的說法；民國以後，唐鴻學、張岱年、王利器、嚴靈峰、鄭良樹、王德有、張國華等，主張今本《指歸》即嚴遵所作之說，並詳述論證。〔註4〕至此，《指歸》研究脫離真偽之辨，進入義理研究的階段。

一、前人研究成果

1984 年，王德有陸續發表〈老子之道及其在魏晉以前的演變〉、〈《老子指歸》自然觀初探〉二文；同年，鄭萬耕發表〈嚴君平哲學思想略述〉一文。自此揭開《指歸》義理研究之序幕。九○年代以降，《指歸》義理研究除有更進一步之發展外，並旁及與黃老學、玄學、易學、蜀學之關係，如王德有〈嚴遵與王充、王弼、郭象之學源流〉、〈兩種黃老學說——黃帝四經與老子指歸異同〉、〈嚴遵引易入道簡論〉、魏啓鵬〈《太玄》・黃老・蜀學〉、張濤〈嚴遵

〔註3〕 《指歸》七卷本與六卷本來源不同，關於其版本之流傳，詳參劉爲博《嚴遵《老子指歸》研究》（臺灣師範大學國文研究所碩士論文，陳師麗桂指導，2000年5月），頁7～9。

〔註4〕 全祖望說見《鮚埼亭集・外編・卷三十四・讀道德指歸》（收於《四庫叢刊正編》，臺北：台灣商務，1979年11月臺1版，頁870～871），邵懿辰說見《增訂四庫簡明目錄標注》（上海：上海古籍，2000年7月，頁618），周中孚《鄭堂讀書記・卷六十九・道德指歸論六卷》（收於《中國目錄學名著》第一集第四冊，臺北：世界，1960年11月初版），陸心源《儀顧堂題跋・卷九・道德真經指歸七卷本跋》（收於《書目續編》，臺北：廣文，1968年，頁453～454）、丁壽昌《睦州存藁・頤志齋藏書目序》（收於沈雲龍主編《近代中國史料叢刊》第六十一輯，臺北：文海，1971年，頁470）；唐鴻學說見唐氏校刊《怡蘭堂叢書・道德真經指歸跋》（收於嚴一萍選輯《叢書菁華》，臺北：藝文，1970年），張岱年說見《中國哲學史史料學》（臺北：嵩高書社，1985年6月，頁134～136），王利器說見〈道藏本道德真經指歸提要〉（收於《王利器論學雜著》，臺北：貫雅，1992年1月，頁424～457），嚴靈峰說見〈輯補嚴遵道德指歸論〉（收於《經子叢書（六）》，臺北：國立編譯館中華叢書編審委員會，1983年5月，頁1～189）、鄭良樹說見〈論嚴遵及其道德指歸〉（《老子論集》，臺北：世界，1983年2月，頁143～172）、《老子》嚴遵本校記〉（《書目季刊》第32卷4期，1999年3月，頁23～51），王德有說見《老子指歸・自序》（同注2，頁3～4），張國華說見《中國秦漢思想史》（北京：北京人民，1994年4月，頁170～176）。

易學思想淺析〉等。同時，《指歸》義理正式進入中國哲學史之林，受到一定之重視，如任繼愈《中國哲學發展史‧秦漢卷》、金春峰《漢代思想史》、熊鐵基《中國老學史》等，均有專門章節論述。

　　相對於大陸之研究，臺灣《指歸》研究雖起步較晚，量亦不多，然於研究內容、品質與深度方面，卻有更大之進展。於哲學史中，除曾春海《兩漢魏晉哲學史》、趙中偉《道者，萬物之宗——兩漢道家形上思維研究》外，鮮少有將嚴遵列入討論者；然散見於各期刊中之相關研究，如：趙中偉〈天人之際，大道畢矣——嚴遵天人思想研究〉、蔡振豐〈嚴遵、河上公、王弼三家《老子》注的詮釋方法及其對道的理解〉、陳師麗桂〈《老子指歸》的聖人論〉、杜保瑞〈嚴君平老子指歸哲學體系的方法論探析〉、林俊宏〈《老子指歸》之政治思想試論〉等，卻均有相當之見解。在學位論文方面，亦有三種：陳儷文《《老子指歸》一書道涵義探索》（1997 年 6 月）、劉為博《嚴遵《老子指歸》研究》（2000 年 5 月）、陳盈秋《《老子指歸》的政治觀》（2005 年 6 月）。〔註5〕

　　吾人可將上述之研究，簡單歸納為以下三類：（一）思想內容之建構、（二）與道家、魏晉玄學之關係、（三）其他專題研究。第一類之研究數量最多，然因各家對「氣」範圍之界定不一，所建構之思想內容亦大相逕庭；第二類之研究強調《指歸》於道家學術史之關鍵地位，意在以宏觀角度說明道家學術流變；第三類之研究，或針對《指歸》「自然」概念，或專注於其中之易學思想，或探析《指歸》思維模式、方法論之使用。

　　《指歸》之「道」的詮釋呈現三大面向，可分別以金春峰、王德有、熊鐵基為代表。金春峰認為《指歸》的思想核心在於「自然」，自然為道之本質，以「本體論」之說詮釋萬物化生的過程，萬物與道之間並非自母體脫胎而出之關係；金氏認為《指歸》實仍脫離不了氣化宇宙思想影響，因此呈現雖極力豁顯道之本體性、超越性，然道之內容仍為氣的矛盾現象。王德有認為，道體「虛無」而非氣，道以「自然」、「無為」為內容，宇宙生成是由無而有的變化過程，是道向相反、對立面運行轉化；王氏並以為「本因論」一詞較「本體論」更能符合《指歸》宇宙生成之義。熊鐵基認為，自然、無為、虛

〔註5〕陳儷文之作為臺灣第一篇研究《指歸》義理之碩士論文，其說多採大陸學者金春峰、王德有之說。劉為博之作有系統地蒐羅、整理《指歸》研究之資料，清晰論述《指歸》版本與真偽問題，對於義理眾說紛紜處亦能提出己見。陳盈秋之作側重政治論，鋪演其義。

無都是道之本質，並認為「神明」、「太和」等並非宇宙生成之產物，而是道化生萬物之「作用」。

此三大面向各有支持者，亦有介於其中之調和者：趙中偉認為，道、德、神明、太和為絕對虛無至相對虛無之變化過程，雖漸次形象化，然皆是一種虛無的境界而非氣。此外，亦有僅強調《指歸》道體之無為義者，如蔡振豐、杜保瑞等對於《指歸》宇宙論或氣之部分，以為僅係道體無為義的衍生發揮，故著墨較少。

《指歸》義理研究業已二十餘年，諸家詮釋向度各有所長，提示多種《指歸》可能之義理間架，促使吾人進行多樣思辨，亦提供吾人融通開決之豐富資糧，進行義理之抉擇。合理地吸納前人多年研究之成果，方能有效地調整所欲建構之《指歸》義理間架。

二、前人研究侷限

前人研究甚豐，如真偽之辨、版本點校等皆有所成，然《指歸》義理仍呈顯紛紜之狀。目前之《指歸》義理研究，或偏重體系之自然無為義，或偏重體系之氣化流行義，此分歧即來自於研究成果之內部侷限。

往昔研究之侷限，或歸結為以下三點：（一）片面論斷，未能深入、（二）義界不一，眾說紛紜、（三）形上形下，斷裂兩橛。就第一點來說，部分學者過於強調《指歸》之黃老色彩或漢代學術色彩，因此往往直截地以黃老學說或氣化宇宙論進行比附。就第二點來說，《指歸》文字不甚清晰，學者雖欲進行廓清，往往在義界不一的情況下，造成今日《指歸》義理各行其是的現象；如氣範圍之界定、「和」與「太和」有無分別等。就第三點來說，部分學者呈顯《指歸》義理系統為無密切關係之不同面向，僅以片段篇幅進行討論，未能有效整合、還原其系統；如《指歸》之政治論，理應結合道論、修養論、聖人論，方能獲得其君國一體說整體之把握，明瞭其深意。

總的來說，有關嚴遵《老子指歸》研究，以單篇論文為多，其次為專書部分章節之敘述，至於較全面研究之專著則少。或因篇幅形式限制之故，義理研究內容較未能全面，對文字本身較不明晰之《指歸》，較難以整體詮釋廓清其義理，故有義理研究方向分歧之現象。吾人除立基於前人之成果而思齊之，亦應借鏡前人之蔽而內自省。

第二節　研究宗旨、方法與進程

　　今人得見之《指歸》並非全本，且文字表述飄忽不定，一段話中觀念叢甚爲密集，涵蓋範圍寬廣，上至虛無道體，下至個人修養、治國之方，因而致使義理體系始終眾說紛陳；加上清代以來，不少學者以此書爲僞，亦使《指歸》義理之研究，起步遠較其他道家名著爲晚。

一、研究宗旨

　　綜觀《指歸》，義理仍有許多未明之處，學者甚至對部分義理有相當程度之分歧意見，值得吾人重新省思並深入探討。此外，《指歸》身處尊儒之漢代，對儒道關係之處理亦令人好奇。揚雄爲嚴遵之學生，曾提出太玄作爲形上本體；嚴遵於《指歸》中亦言「玄」、「玄教」，值得吾人留意觀念上之流變。《指歸》內涵許多觀念，前有所承，後有所啓，如何從中觀察出嚴遵對時代之回應，亦爲吾人所欲探求。

　　許多道家人士之生平，史書記載多不詳，嚴遵亦不例外。吾人可先從從古籍記載看嚴遵之學術情形：《隋書‧經籍志》、《經典釋文‧敘錄》載嚴遵著有《老子注》二卷，正本亡佚；《道藏》、《怡蘭堂叢書》、《叢書集成》、《津逮秘書》、《學津討原》、《秘冊彙函》、《漢魏叢書》、《四庫全書》等收有《老子指歸》；《上古三代秦漢三國六朝文》、《蜀典》皆收有〈君平說二經目〉、〈座右銘〉二文；《華陽國志‧序志》載嚴君平集傳記以作本紀，可知其有《蜀本紀》之作，今亡佚；《經義考‧卷八》載嚴遵作《周易骨髓決》，今亦亡佚。

　　值得吾人注意的是，嚴遵除研究《老子》義理之外，並涉及易學研究。嚴遵《周易骨髓決》業已亡佚，是否談論人之體相與命運氣數之關連，已無可得知；然嚴遵對《易》、《老》之熟悉，自不在話下。從《指歸》義理內容來看，《易》、《老》確爲嚴遵學術根柢。然於《易》、《老》之外，嚴遵之哲學是否還有其他思想資源呢？〈君平說二經目〉有云：

> 莊子曰：昔者《老子》之作也，變化所由，道德爲母，効經列首，天地爲象。……陽道左，陰道右，故上經覆來，下經反往。反覆相過，淪爲一形。冥冥混沌，道爲中主。重符列驗，以見端緒。下經爲門，上經爲戶。智者見其經効，則通乎天地之數、陰陽之紀、夫婦之配、父子之親、君臣之儀，萬物敷矣。

嚴遵本姓莊，此處「莊子」爲嚴遵自稱。此文明顯可見《易》、《老》確爲嚴

遵之學術根柢外，文末並論及儒家所強調之「三綱」：君臣、父子、夫婦。值得注意的是，此處引文次序之排列：天地、陰陽、夫婦、父子、君臣，顯然是依時間發生先後順序排列，而與漢代三綱說之順序不同。再者，智者欲呈顯萬物，不僅需明「天地之數」，還需包含上述順序之理則，以至「君臣之儀」；換言之，能真正明瞭「君臣之儀」深意者，需先明白其以前之眾理。智者呈顯萬物需透過「君臣之儀」，是否意味著嚴遵贊同儒家三綱或名教制度？則有待吾人深入考察《指歸》義理，方能明瞭。

　　漢代氣化宇宙論盛行，各家多以元氣生成萬物解釋《老子》道生萬物之說，嚴遵在《指歸》中更強調萬物本源之「道」的「虛無」性質。成玄英認為：「嚴君平《指歸》以玄虛為宗。」點出書中對於玄虛之強調，正因如此，許多學者認為嚴遵思想影響了玄學貴無一派。〔註6〕宋代晁說之在為王弼《老子注》作記時說：「王弼老子道德經二卷，真得老子之學歟，蓋嚴君平指歸之流也。」現代學者於文章中亦常提及《指歸》與王弼老子學具有承接關係，或認為《指歸》對於玄學有重要啟發作用。〔註7〕考察嚴遵之生平與〈座右銘〉、〈君平說二經目〉二文，吾人或多或少都可發現儒家思想之蹤跡。《漢書》提及嚴遵「博覽亡不通」，出入《易》、《老》、《莊》等書之外，理應對儒家經典亦有涉獵。嚴遵以道為主之思想，或多或少有儒家思想以為資糧，儒道二家理論地位之安排，及二家如何在其思想中取得平衡而不自相矛盾，均為吾人應關注之焦點。

二、研究方法

　　吾人可將前人之研究入路分為三大類。首先，金春峰、王德有、熊鐵基之研究方法，皆以義界「道」之內容，爾後進行由天而人之開展；諸說對「道」之理解將影響《指歸》思想體系方向，義理研究相對地因而呈顯眾說紛紜之

〔註6〕　近人王德有、陳廣忠均舉例說明了嚴遵與王弼思想關係之密切。王德有說見〈嚴遵與王充、王弼、郭象之學源流〉（《道家文化研究（四）》，上海：上海古籍，1994年3月），頁222～226；陳廣忠說見《中國道家新論》（合肥：黃山書社，2001年11月），頁561～562。

〔註7〕　參見王德有《道旨論》（濟南：齊魯書社，1987初版），第三章第二節「《老子指歸》之道」，頁71～82、莊師耀郎《王弼哲學》（臺灣師範大學國文所博士論文，牟宗三先生指導，1991年），頁57～58、陳師麗桂〈老子指歸的聖人論〉（《中國學術年刊》22卷，2001年5月），頁117～145、曾春海《兩漢魏晉哲學史》（臺北：五南，2002年），頁63～78。

現象。其次，那薇、趙中偉、陳師麗桂等，則是藉「天人合一」思想，從「人」的角度出發，探討《指歸》中比較明確之部分，所探究而得之義理相對穩定，然對形上義理則較少建樹。最後一類則是以《指歸》「如何建構其哲學體系」的角度出發，偏重於詮釋方法、哲學方法論之使用，如蔡振豐、杜保瑞等人，以義理架構之建立爲思考論述之重點，亦相對客觀與自制，然較少對義理精微處之體會。研究「入路」與研究「方法」實不同，然「方法」能否突破「入路」產生的限制，爲吾人思考本論文研究方法之基點。

中國思想多有「天人合一」思想的表現，有思想家生命感通之體會於其中，而少純以思維論本體天道。上述第一與第三類入路較脫離生命主體，未必能呈顯「天人合一」思想的精妙；然吾人亦不能過於偏於「人」而忽略思想家對形上義理的哲學創造力。因此，爲顧及「天」、「人」與「如何建構」此三入路，個人將於第二章中藉詮釋學之視域融合，[註8] 從「人」的角度出發，進行對《指歸》方法論的反省，試圖釐清《指歸》「氣」之範圍、順其語彙，並論述《指歸》之思維方式。此舉意在與《指歸》有相同之立足視野，以利詮釋上之視域融合，從而發掘「道」與「人」之關係。

在嘗試與《指歸》有相同立足視野、順其語彙之用後，仍有判讀之困難：《指歸》恍惚不已、少定義式之文字，使相關義理研究難以明晰呈現。如何克服此一先天性之困難，爲研究《指歸》者所須面對的。吾人採「論」、「析」並重的方式，對義理觀念進行考察，從而建立《指歸》義理體系。觀念分析法和系統研究法，二者相反而相成，觀念分析越精確，系統研究越周延；反之亦然。

因此於第三、四章中，在視域融合下，輔以觀念分析法、系統研究法，進行義理研究：首先對《指歸》文字進行分解、檢視、比較，從諸概念中尋出可範疇化之重要義理；其次嘗試以所分析的脈絡、概念將各範疇聯繫起來，從中探尋核心範疇，並於系統中驗證是否相容。對於範疇化尚未發展全備之

〔註8〕　「視域融合」爲詮釋學之用語。詮釋學認爲，處境是歷史的產物，人始終存在於處境之中，並在處境之中獲得理解，無法站在處境之外而對其進行完全之把握。處境爲人理解範圍之界限，此種界限稱作「視域」（德文 horizont，英文 horizon）。視域不是固定之區域，而是隨理解而移動的生成變化之過程，此視域之生成流動即「視域融合」。對文本的理解之所以可能，係因讀者與作者的視域產生融合。說見迦達默爾《真理與方法》（上海：上海譯文，2007年），頁391。「視域」一詞略爲冷僻，後文概以「視野」稱之。

義理亦暫不加以圓說，以客觀呈現《指歸》義理間架之成熟度。需注意的是，範疇化之義理觀念未必即觀念史中的「單位觀念」，〔註9〕因單位觀念如原子般乃不可再分割者；然範疇化之義理觀念猶有可能於吾人討論中再向下分析，發現其包含更基源之觀念。

嚴遵生平記載有限，如欲全然以思想史的方法進行研究，恐有一定之困難；再者，對於時代之外緣研究，亦只能指陳對思想家可能之影響因素，然無法呈顯必然之決定性。在對《指歸》內在義理未明前，即以外緣因素作為其思想之推斷，其結論之客觀公正性，亦令人存疑。學界對《指歸》之研究，分歧甚大，欲在紛紜眾說中，顯現《指歸》之時代意義與對後世之影響，恐難有公正而明晰之論斷。本文暫時切斷《指歸》之時代背景，以詮釋學為基，進行觀念分析後的理論建構，從而逼顯《指歸》之基源問題，方能見出《指歸》之時代意義。《指歸》義理觀念先明，方能助益往後之研究者進行思想史研究法之使用。〔註10〕

三、研究進程

基於上述之研究方法，方得研究進程如下：

第一章　緒論

檢視前人研究成果與與侷限，思索今人以不同研究角度帶來之可能視野，擇定研究方法，以利《指歸》義理之建構。

第二章　《指歸》義理視野的基礎

承第一章之思路，反省前人研究成果殊異之因，在於諸家對《指歸》「氣」範圍界說紛紜，致使對《指歸》細部義理說法不一。欲釐清《指歸》「氣」範圍之界定，需對嚴遵之哲思視野進行反省，明白其方法論，方能與作者有一視野融合，以利吾人界定「氣」之範圍。此外，《指歸》文字飄忽，然思維脈絡清晰可循，掌握其思維方式，有助於吾人越過文字之障礙。結合吾人對《指

〔註9〕　參見 A.O. Lovejoy, The Great of Being, Harvard University Press, 1953；轉引自黃俊傑〈思想史方法論的兩個側面〉，收錄於杜維運、黃俊傑編《史學方法論文選集》（臺北：華世，1979 年），頁 4～7。

〔註10〕嚴遵生平資料有限，研究上採哲學史角度為易，以思想史角度較難。本論文所尋出之《指歸》基源問題何在，對注意政治背景、時代問題等外緣因素的思想史研究而言，較有一明確方向可循，避免造成研究侷限第一點所云之片面論斷。

歸》「氣」範圍之界定與思維方式之理解，方可釐清《指歸》義理中之理氣關係，不至於片面以氣論理或崇理黜氣。

第三章　《指歸》重要之義理觀念

《指歸》義理之行文，觀念叢過於密集，一段話中反覆出現多項哲學觀念；吾人立基於第二章之反思，指出有、無、玄之關係，藉之把梳觀念叢，以見諸觀念與核心範疇彼此之遠近關係。於本章中，吾人以「有無」觀念為入路，說明「陰陽」退出《指歸》思想中心，從而尋覓出「道」作為核心範疇，乃以自然無為為說。「自然」與「無為」為兩觀念，皆可以有、無、玄為釋，然義理上有細微之不同，故分而論之；「自生」說則為自然之生的發用，與「無為」同樣兼有天人二義，在天道下表現人之主體性，故合而論之。

第四章　修身理國一體說

《指歸》認為修身和治國是一體相通的，因此欲探其道化政治思想，需從其修養論之建構，以及修養論如何與政治思想相關連論起。於本章中，吾人先明性、命、情、意、志、欲等修養元素，以及道人、德人、仁人、義人、禮人之修養層級；接著指出：一、「明有無」是其「簡情易性」之修養方法；二、「性分」造成君臣分工有別。《指歸》以為，可以「玄教」教化世人，而道化政治與上述二者攸關，故吾人可藉有、無、玄之關係，以「有」、「無」二面向展現玄教之內容，從而指出《指歸》道化政治之深意。

第五章　結論

回顧本文研究成果，反省研究之侷限，略論未來研究之展望。

綜而言之，吾人從《指歸》義理視野的基礎出發，重新審視《指歸》一書的重要義理觀念。《指歸》諸多義理觀念構成其哲學體系，如果能擇定一最核心之觀念，有效聯繫其他義理觀念，將使《指歸》義理活絡為一完整的有機體。從《指歸》恍惚不已的文字中擇定主軸觀念，開展出其潛存之深刻義理，即為吾人建構其義理間架之宗旨。

第二章　《指歸》義理視野的基礎

　　視野概念本質上即屬於處境概念，視野所指即看得見的區域範圍，爲主體處於某個立足點所能見者。關於基礎視野，吾人可分兩層略述之。第一層：一書之成，乃因於作者對於其自身視野有所省思（能見視野），進而以此省思貫串對此視野何以如此之解（哲思視野）。第二層：吾人理解一書之體系，有切入角度之異，有析讀古語之異，甚而有自身對部分哲學觀念習焉不察的解釋涉於其中，彼此交錯混合而成自身視野，以致對一書之體系有多樣貌之解讀。第二層之理解若是有意的進行再詮釋，亦會有第一層之省思以作爲理解主線。今日《指歸》義理爲嚴遵以其哲思詮釋《老子》而有，吾人必需區別出《指歸》此二層內容爲何；此外，由於吾人今日之探討，乃是站在第二層之立場，欲考察第一層之視野，因此吾人亦必需對自身之視野進行釐清，避免以己身視野取代《指歸》深意。陸敬忠說：

> 現代詮釋學的首要規則在於：勿毫無檢驗地使用理解者自己的語言慣用法，而是「從作者或其時代之語言慣用法來贏得吾人對文本之理會」。此則實已預設理解者自身的語言慣用法及文本者間有差異。然而人爲何會假設此差異之存在？此實又已隱含下列預設：其一，一個「一般性預設」或「語言慣用法之前意見」是，理解者乃以他自己所熟悉的方式或「以通常的方式」來理解作者的語言慣用法。其二，在遭遇理解受阻礙之經驗時才會使理解停止以他自己熟悉的方式進行理解，而使他開始注意作者「語言慣用法的可能性」。……任何理解中受阻礙或遭遇他者之經驗均因理解者之既有前意見行不通了，或與文本所自行呈顯的意義不合。

〔註1〕
《指歸》「無之又無」的思維方式，消解人對經驗的執著，但對虛無的形上世界，《指歸》以鋪排敘事的手法，使形上世界的描述顯得恍惚不已，然「無名」世界卻以「名言」進行描繪，勢必易以對名言的執定而滑失無名世界之大旨，其中以對「氣」的認知最易產生此問題；以摘錄《指歸》片段文字而欲指陳其義理者，均需在論析過程中有此後設覺察。《指歸》義理眾說紛紜，吾人自需有此覺察。

　　《指歸》關於形上內容之文字語言過於恍惚，因此由下往上逐一釐定、掌握確切有把握者，為吾人正式析論《指歸》義理前，必需進行的工作。吾人以下即從《指歸》對視野之省思論起，接著談《指歸》藉之而成的思維如何運用於對宇宙天地之解讀。此外，吾人必需自我反省在理解《指歸》中，自身的基礎視野是否穩當，考察可用以理解的基礎視野為何，以掌握《指歸》中明確清晰的部分。

第一節　形名觀：方法論的反省

　　《指歸》思想強調無形者對有形者之影響，無形者又可分為「無」、「無之無」、「無無之無」、「無無無之無」，解消常人觀念之固著的意味相當濃厚。準此，《指歸》之形名觀可說是其對人之思維的反省。人之思維方式影響其思想體系的建立，《指歸》對常人之思維的反省即對建立哲學之方法論的反省。《指歸》有云：

> 夫天地有類而道德無形。有類之徒，莫不有數；無形之物，無有窮極。以有數之物託於無窮，若草木離土，眾星離天，不足以喻焉。(〈道生篇〉)

> 夫道體虛無而萬物有形，無有狀貌而萬物方圓，寂然無音而萬物有聲。(〈方而不割篇〉)

> 木之生也，末因於條，條因於枝，枝因於莖，莖因於本，本因於根，根因於天地，天地受之於無形。華實生於有氣，有氣生於四時，四時生於陰陽，陰陽生於天地，天地受之於無形。吾是以知：道以無

〔註1〕 陸敬忠《哲學詮釋學——歷史、義理與對話之「生化」辯證》（臺北：五南，
2004 年 10 月初版一刷），頁 168～169。

－12－

有之形、無狀之容，開虛無，導神通，天地和，陰陽寧。（〈萬物之奧篇〉）

自然之路，要在無形。（〈善為道者篇〉）

夫無形無聲而使物自然者，道與神也；有形有聲而自然者，地與天也。（〈言甚易知篇〉）

無無無始，不可存在，無形無聲，不可視聽，稟無授有，不可言道，無無無之無，始未〔註2〕始之始，萬物所由，性命所以，無有所名者謂之道。（〈道生一篇〉）

有名者之為化也，遵道德，貴神明，師太和，則天地，故為萬物母。（《老子指歸·指歸輯佚·道可道篇》，〔宋〕陳景元《道德真經藏室纂微篇》引）

《指歸》並無對其形名觀詳加闡述，然仍可從上述文句之義約略獲得；嚴遵指出有類別的東西沒有不有限的，若以有限的東西比附無有窮極者，是無法言說窮盡的，無形之物無形無聲，是無法用名稱來稱呼的。道、德、神明等，因無形，故無名；天、地、萬物則有形而有名。嚴遵認為，有限的「言」、「物」依於、指向「有形」，不能窮盡「無形」之內容，從而以「形」的有無區別出兩個世界。無形是有形存在之根由：

虛之虛者生虛〔註3〕者，無之無者生無〔註4〕者，無者生有形者。故諸有形之徒皆屬於物類。物有所宗，類有所祖。天地，物〔註5〕之大者，人次之矣。夫天人之生〔註6〕也，形因於氣，氣因於和，和因於神明，神明因於道德，道德因於自然：萬物以存。（〈道生一篇〉）

無形世界可再區分為：虛之虛（道、無無無之無）、虛（一、德、無無之無）、

〔註2〕 王德有中華書局點校本作「末」，手民之誤。今據《道德指歸論》之影本（臺北：新文豐，1987 年 6 月）與王氏後出之《老子指歸譯注》（北京：商務，2004年 12 月第 1 版）改之。

〔註3〕 本作「虛之虛者生虛虛」者，王德有以為「虛」字衍（因原文上文言「有虛者」，故此處應是「虛之虛者生虛者」），今從之。

〔註4〕 本作「無之無者生無無者」，王德有以為「無」字衍（因原文上文言「有無者」，下文言「無者生有形者」，故此處應是「無之無者生無者」），今從之。

〔註5〕 此「物」意為「物類」而非「萬物」。

〔註6〕 津逮本、學津本作「夫天之生人也」，王德有以明正統道藏本、怡蘭本「天人之生」為是。吾人觀其前後文之意，今從之。其由參見附錄一。

無之無（二、神明）、無（三、太和），〔註7〕而「無」能生「有」（有形者），「有」爲各種「物類」，此有形世界可再區分爲：「天地」最大，「人」居其次，〔註8〕再來才是其他物類。嚴遵順此解《老子》「有生於無」之句，認爲有形之物乃受氣、和、神明、道德等無形者而得成，萬物因此而得以存在。嚴遵將形上世界作多層區分，依其形名觀與「有生於無」之義，認爲「無之無」較「無」更爲無，因此「無」生於「無之無」。以此類推，無形世界建構出多層不斷「無」上去的無形之位階，每上去一階，外延愈大，內涵愈抽象；最高位階爲「道」（無無無之無，亦即虛之虛），外延無窮大，內涵無所不包，且不可有無窮後退之情事。

由上可知，嚴遵藉「形」之有無確立有形、無形世界之別，並以無形世界作爲有形世界得以存在之由，再藉「無」的動詞意義再向上立更高之位階，使「道」成爲「絕對」虛無，無形世界不同程度的無則爲「相對」虛無。「道」爲絕對虛無，爲嚴遵哲學體系本體論之最高本體；從絕對虛無至相對虛無的過程，「有生於無」則爲其宇宙論內容之開展。嚴遵本體論之建立爲其哲學體系之一大特色，尤其在漢代普遍流行的氣化宇宙論中建立本體論，不得不謂其確有獨到見地，但其著墨不多，未如王弼之暢言、清晰，亦爲不爭之事實。

第二節　「氣」範圍的界定

從前文「天地，物之大者，人次之矣。夫天人之生也，形因於氣，氣因於和，和因於神明，神明因於道德，道德因於自然：萬物以存。」可知：「氣」非嚴遵哲學體系首出之概念。《指歸》之宇宙論確爲氣化宇宙論，但是否即可

〔註7〕由「無無無之無……無有所名者謂之道。」、「道虛之虛，故能生一。」可知「道」即「虛之虛」、「無無無之無」；由「一者，道之子，神明之母，太和之宗，天地之祖……無無之無……一，其名也；德，其號也」可知「德」即「一」、「虛」、「無無之無」；又據「一以虛，故能生二……謂之神明」、「二以無之無，故能生三……三以無，故能生萬物。」、「天地所由，物類所以；道爲之元，德爲之始，神明爲宗，太和爲祖。」可知「神明」即「二」、「無之無」，「太和」即「三」、「無」。

〔註8〕《指歸》有云：「道德之意，天地之心，安生樂息，憎惡殺傷，故命聖人，爲萬物王。」（〈善爲道者篇〉）《指歸》將「人」與其外之萬物進行區分，如以生物學的觀點「人縱獸橫」（〈不出戶篇〉）說之；上文則以價值層面說之，參諸《指歸》殘卷，未見「聖人」何以爲「萬物王」之直接敘述，故暫存而不論，然仍可見《指歸》有意挺立「人」之主體能動性。

以元氣向下分化為解，恐需衡諸《指歸》思想大義。

　　《老子》文本中，對於形上學多所著墨處在 1、4、14、21、37、39、40、42、51、77 章，其中尤以第 42 章「道生一，一生二，二生三，三生萬物」為要，闡述道如何生成萬物；然由於《老子》未言一、二、三之內容，因此註解家往往依己意對《老子》的瞭解或吸取其他學說，進行對此形式間架之義理建構。故，欲明注《老》者之形上思想，此章為必探之境。以下先將上述內容與〈道生一篇〉之重要原文製成表格，以利討論：

《老子》			《老子指歸》	
道	道	無然然者	無無無始，不可存在，無形無聲，不可視聽，稟無授有，不可言道，無無無之無，始未始之始，萬物所由，性命所以，無有所名者謂之道。	虛之虛
一	德	然者、始生生者	道虛之虛，故能生一。有物混沌，恍惚居起。輕而不發，重而不止，陽而無表，陰而無裏。既無上下，又無左右，通達無境，為道綱紀。懷壤空虛，包裹未有，無形無名，芒芒潁潁，混混沌沌，冥冥不可稽之，亡於聲色，莫之與比。指之無嚮，搏之無有，浩洋無窮，不可論論。潢然大同，無終無始，萬物之廬，為太初首者，故謂之一。	虛
二	神明	生者、造存存者	一以虛，故能生二。二物並興，妙妙纖微，生生存存。因物〔註9〕變化，滑淖無形。生息不衰，光耀玄冥。無嚮無存，包裹天地，莫覩其元；不可逐以聲，不可逃以形：謂之神明。存物物存，去物物亡，智力不能接而威德不能運者，謂之二。	無之無
三	太和	存者、動成成者	二以無〔註10〕之無，故能生三。三物俱生，渾渾范范，視之不見其形，聽之不聞其聲，搏之不得其緒，望之不覩其門。不可揆度，不可測量，冥冥窅窅，潢洋堂堂。一清一濁，與和俱行，天人所始，未有形朕圻堮，根繫於一，受命於神者，謂之三。	無
萬物	萬物	（成者）天地，物之大者，人次之矣	三以無，故能生萬物。清濁以分，高卑以陳，陰陽始別，和氣流行，三光運，群類生。有形蠻可因循者，有聲色可見聞者，謂之萬物。	（有形）（有、實）

表格最右側有跨列大字「虛無」。

〔註9〕怡蘭本作「無」。
〔註10〕本作「元」，王德有據怡蘭本、津逮本、學津本改，今從之。

　　上述所引之文寫得渾沌恍惚不已，因此要判定哪些部分是屬於「氣」瀰漫的範圍，不甚容易。首要之因在於《指歸》本身對此描寫篇幅略少，著重在實際層面的開展；再者，嚴遵描寫無形世界寫得相當不明確，描述性文字過於恍惚與相似，以致本體之性質未能一望即知，生成之過程及生成如何可能亦令人多費疑猜；最後，各無形位階之敘述語詞不統一使用，令人初入手之時難以捉摸。嚴遵對於實際層面的開展多而清晰明白，對於形上部分之敘述則顯得少而飄忽不已。或許此爲其特意不願讓人執著其「名」，又或者無形世界本難言說之故。對於氣範圍之界定，前人有如下之說：〔註11〕

一、道、德、神明、太和爲氣

　　鄭萬耕引「道德神明、清濁太和、天地人物，若末若根，數者相隨，氣化連通」（〈善爲道者篇〉），認爲「『道德』似乎就是混沌未分的最原始的氣」、「（『神明』是）陰陽二氣的功能和作用」；〔註12〕金春峰引「天地所由，物類所以，道爲之元，德爲之始，神明爲宗，太和爲祖。道有深微，德有厚薄，神有清濁，和有高下」（〈上德不德篇〉），認爲《指歸》以深微清濁形容道的狀態，亦即形容氣。〔註13〕

二、德、神明、太和爲氣

　　王德有認爲，氣所展現的變化莫測、陰陽初分，即「神明」之境界，且《指歸》中有「神氣」〔註14〕一語，並引《管子》之「神明」觀點作爲互證；〔註15〕而「《指歸》所描述的『一』，是最初出現的混混沌沌的存在物，即我

〔註11〕下文之分點，前有所承而加以修改、增補，乃立基於劉爲博《嚴遵《老子指歸》研究》（臺灣師範大學國文所碩士論文，陳師麗桂指導，2000 年），頁 61。

〔註12〕鄭萬耕〈嚴君平哲學思想述略〉（《北京師範大學學報（社會科學版）》，1984年 9 月），頁 60～66。

〔註13〕金春峰《漢代思想史》（北京：中國社會科學出版社，2006 年 2 月，增補第三版），頁 357～361。

〔註14〕據筆者考察《指歸》七卷本，「神氣」連用共計十處：「心意虛靜，神氣和順」（〈上德不德篇〉）、「神氣相通」（〈出生入死篇〉）、「神氣不作，聰明無識」（〈含德之厚篇〉）、「神氣煩促，趨歙去張」（〈萬物之奧篇〉）、「言行修於內，則神氣踰於外」（同上）、「大命以絕，神氣散分」（〈天下謂我篇〉）、「默然爲之，神氣相通」（〈用兵篇〉）、「神氣相傳，感動相報」（〈言甚易知篇〉）、「神氣不我我，而心意不我然」（同上）、「心意專一，神氣和平」（〈生也柔弱篇〉）。

〔註15〕王德有〈老子自然觀初探〉（《哲學研究》1984 年第 9 期），頁 60～66。

們所謂的原始混沌物質」。〔註16〕王德有據此提出可將此演化論分成兩個階段：「道」屬於「虛無」階段，而「一、神明、太和」屬於「實有」階段，因道為萬物之最終根源，為絕對之虛無，因而獨立為一階段。〔註17〕陳儷文承金春峰之見，進而認為嚴遵「言宇宙演化過程為：原始狀態（混沌之氣）→精神狀態（精氣）→分化狀態（清濁和三氣）」，〔註18〕主張「《老子指歸》將『道』視為一無形象、無作為、自身不變而萬變不離其宗之普遍法則，此法則乃為『自然』、『無為』也」，〔註19〕認為道是法則，〔註20〕而德、神明、太和皆為氣，只是在演化過程上有所區分。

三、太和為氣

　　鍾肇鵬認為，「『道』、『德』『神明』都屬於『無』的階段；『太和』為氣，氣雖無形，但已屬於物質，故『氣』以下為有的階段」；〔註21〕趙雅博認為，「這無者，就是所謂的三了。它纖微玄妙，也就是有清濁之氣，也就是太和了，太和的功能，是成就萬物，更好說是成就天地人物」；〔註22〕劉為博持「太

〔註16〕王德有點校《老子指歸·自序》（北京：中華書局，1997 年 10 月一版二刷），頁 9。

〔註17〕參見王德有《道旨論》（濟南：齊魯書社，1987 初版），第三章第二節〈老子指歸之道〉。

〔註18〕陳儷文《《老子指歸》一書道涵義探索》（輔仁大學中文所碩士論文，曾春海教授指導，1997 年），頁 70。

〔註19〕同上，頁 62。

〔註20〕陳儷文於論述中，前半論述「道」為「法則」，中間論述轉而為「氣」。陳氏云：「在《老子指歸》中，道德、神明、（案：依其標點之用，此處應缺「太和」一詞）也都是指氣而言」（同上，頁 72）。但陳氏於下一頁立即又回到王德有之說：「『道』是一個抽象的無為原則，無形之至極，所以稱之為『虛之虛』亦稱之為『無無無之無』，（案：原文缺此標點）『一』是原始渾沌物質」（同上，頁 73）。

陳氏於該節結語時言：「《老子指歸》儘管也把『道』視為具體普遍意義的東西，但是它在講道體虛無的時候，不是從物質的意義上理解虛無的，虛無只是無形之意，即包括形上的無為法則『道』，也包括原始渾沌『一』，以及神明、太和等物質性的氣。」（同上，頁 75）故吾人仍判其說為「德、神明、太和為氣」，而不歸於「道、德、神明、太和為氣」此說。相關討論詳見附錄二。

〔註21〕鍾肇鵬〈嚴遵的《老子指歸》及其哲學政治思想〉（《世界宗教研究》1985 年第 2 期），頁 6。

〔註22〕趙雅博〈從《道德指歸》看嚴遵的思想（上）〉（《哲學與文化》第 26 卷第 1 期，總 296 期，1991 年 1 月），頁 6。

和爲氣」說，認爲：

> 廣義觀之，若以氣爲本來詮釋「道」，則凡屬於「道」的創生歷程，
> 都能以「氣」來說明，那麼「道」，甚或「德」、「神明」……都可視
> 作氣化歷程的各個階段，自無疑義。然若回到指歸的文字觀之，氣
> 性質的呈現卻是到了「太和」階段才明確。指歸說：「天地生於太和，
> 太和生於虛冥」（卷七），又說：「太和妙氣，妙物莫神，空虛爲家，
> 寂泊爲常，出入無窮，往來無間，動無不遂，靜無不成。」可知「太
> 和」是指指歸在其宇宙論體系言氣的重要階段：清、濁、和由一而
> 三也對應著三生萬物的階段，所以它是「有無之間」的銜接點，也
> 是使得「道」、「氣」、「天地」三層次一貫的重要環節，更是指歸言
> 「氣化連通」與「氣化分離」的焦點所在。〔註23〕

劉爲博認爲《指歸》先以氣來說明現象界「連屬一體」，再藉由氣連通現象界
的實有和玄妙虛無的道，〔註24〕現象界爲「有」是「氣化分離」後的形成，
而「太和」是氣化未分離，爲「無」，因此「太和」爲「有無之間」的銜接點，
此即「氣化連通」之義，而非指道、德、神明皆是氣。此外，曾春海亦認爲，
「『道』、『德（一）』、『神明（二）』皆屬『無』的階段；至於『神明』所生的
『太和』則進入『氣』的階段，……太和爲氣，氣以下的宇宙生成歷程爲『有』
的階段。」〔註25〕亦持「太和爲氣」說。

　　筆者大抵接受劉爲博、曾春海之見，其因在於嚴遵以「無」、「無之無」、
「無無之無」、「無無無之無」不斷去掉「有」之種種屬性。「無無無之無」既
爲絕對虛無，「氣」仍帶有些許之「有」性，故「道」並非「氣」。若以《指
歸》中部分形容道的字句，而說此類詞語與氣性質相同，認定「道」爲「氣」，
則是太執於譬況之辭，嚴遵已明「有」之喻難盡達「無」之性。同樣地，「道」、
「德」、「神明」較「太和」更無之，人類譬況之辭有其限，取位階較下者譬
況上者而以爲眞，則大失其旨。

　　對於鍾肇鵬、劉爲博之觀點，仍有兩點需致疑：一、「太和」與「氣」是
否完全劃上等號；二、帶有氣性質者是否即應劃分爲「有」。就第一點來說，
縱然氣性質至「太和」方明確，「神明」等是否全無任何氣概念？此爲劉氏未

〔註23〕劉爲博《嚴遵《老子指歸》研究》，頁 61～62。
〔註24〕同上，頁 62。
〔註25〕曾春海《兩漢魏晉哲學史》（臺北：五南，2002 年），頁 66～67。

進而分判之處；就第二點來說，嚴遵有無之劃分並非依據帶物質性與否，而是以有形、無形爲劃，只是無形者有不同虛無程度，即使是帶有物質性的，若人不可見聞，嚴遵仍劃分爲「無」，鍾氏稱「太和」爲「有」，實與嚴遵自稱「太和」爲「無者」相異。

欲劃分氣概念於嚴遵無形世界位階中瀰漫之範圍，應由下而上逐步認定，其中「太和」帶有氣之性質此點最無爭議，但爲哲學義理中何種氣卻值得再探討。在「三生萬物」此處，「太和」是透過氣而形塑萬物，萬物之形賴氣而成。《指歸》有云：

> 天地未始，陰陽未萌，寒暑未兆，明晦未形，有物三立，一濁一清，清上濁下，和在中央。三者俱起，天地以成，陰陽以交，而萬物以生。失之者敗，得之者榮。夫和之於物也，剛而不折，柔而不卷，在天爲繩，在地爲準，在陽爲規，在陰爲矩。不行不止，不與不取，物以柔弱，氣以堅強，動無不制，靜無不與。（〈天之道篇〉）

「太和」的內容爲「一清一濁，與和俱行」，「三」指的是「清、濁、和」。「太和」爲一位階名，「清、濁、和」方爲其實際之內容，因此吾人應先著眼於細部之實質內容上，方能明「太和」之整體義。《指歸》指出「和」除在清濁中央外，亦具有相當高之法則義，且「氣以堅強」，與前文之「氣因於和」相符應。由此可知，「和」與「氣」在性質上有異，「和」非「氣」；「和」較「氣」更爲虛無。《指歸》有云：「清濁太和，至柔無形，包裹天地，含囊陰陽，經紀萬物，無不維綱。」萬物有陰陽性質乃因「氣」有陰陽性質，然「太和」本身卻是不顯陰陽的。

此處可結合〈道生一篇〉「三以無，故能生萬物。清濁以分，高卑以陳，陰陽始別，和氣流行，三光運，群類生」來看，「太和」中之「清、濁」爲客觀天地之前身，〔註26〕天地開分而後施陰陽之氣，故於《指歸》自身對「氣」字的定義使用中，「清、濁」亦非「氣」。然「清、濁」可成客觀之天地，可知「清、濁」雖非「氣」，卻帶有氣概念、物質性質。《指歸》所言之「氣」，慣於與陰陽相繫；「和」非「氣」、非陰陽，卻能使陰陽之氣相交（「陰陽以交」）。綜而言之，「清、濁」帶有氣概念，方能使客觀天地得成；「和」不僅非「氣」，

〔註26〕「天地所由，物類所以；……清者爲天，濁者爲地，陽者爲男，陰者爲女。」（〈上德不德篇〉）由「太和」至「萬物」之生成變化，可參見本文第三章第一節〈「玄」以「有無」統攝「陰陽」〉。

亦無氣概念於其中，方能使具氣概念之「清、濁」與陰陽之「氣」，因「和」而運。今「太和」作爲「三」此階段之位階名，「和」爲此位階中三物之一，另二物爲清、濁，故吾人僅可謂「太和」此一位階帶有濃厚氣概念，而不宜逕自直截稱「太和」爲「氣」。吾人遵從嚴遵對「氣」一字之使用，即欲如前文陸敬忠所說：「從作者或其時代之語言慣用法來贏得吾人對文本之理會」。

需說明的是，「三」此階段中之「和」亦可稱「太和」，以有別於理論較低層次者（如現象界之合和者），故《指歸》中之「太和」實可作位階名與實質內容兩解。「太和」此位階名從實質內容三物最具特色者而來，而實質內容之「太和」可簡稱爲「和」，不僅異於理論層次較低之同名者，在觀念上亦不能與作爲位階名之「太和」混同。本文論及實質內容之太和時，均使用「和」字，以利與位階名之太和區別。

《指歸》論「神明」：

> 夫有形鎌利不入無理，神明在身，出無間，入無孔，俯仰之頃經千里。……是以聖人，虛心以原道德，靜氣以存神明，損聰以聽無音，棄明以視無形。（〈至柔篇〉）

> 神明所居，危者可安，死者可活也；神明所去，寧者可危，而壯者可煞也。陽氣之所居，木可卷而草可結也；陽氣之所去，氣可凝而冰可折也。故神明、陽氣，生物之根也；而柔弱，物之藥也。柔弱和順，長生之具而神明、陽氣之所託也。（〈生也柔弱篇〉）

神明可存於人之身，而修養方法爲「靜氣」，且如〈道生一篇〉所指出的：「存物物存，去物物亡，智力不能接而威德不能運者，謂之二。」神明若離人而去，安寧的便會危險，吾人無法以智力、威德操運之。由上文可知「神明」與「氣」關係密切，在《指歸》中，「神」常與「精」〔註27〕、「氣」〔註28〕並舉，此與《莊子》外雜篇相仿，表示「神明」在某種程度上仍與氣概念相關，但卻與「氣」不同。「神明」較「太和」更爲虛無，氣概念更爲沖淡，而較顯極高度精妙之氣概念抽象意義，不能直接以一般氣概念思索之。

〔註27〕 如：「導之以精神，和之以法式」、「擾濁精神」、「精奔神馳」、「精深而不拔，神固而不脫」、「遺魂忘魄，休息精神」。

〔註28〕 如：「心意虛靜，神氣和順，管領天地，無不包裹」、「重神愛氣，輕物細名，思慮不惑，血氣和平」，《指歸》中又有「神氣相通，傷害之心，素自爲廢」、「默然爲之，神氣相通」、「神氣相傳，感動相報」，從「相」字可知：「神氣」並非一詞，而是「神」、「氣」二字，並未成詞。

《指歸》論「德」：

> 天地之外，毫釐之內，稟氣不同，殊形異類，皆得一之一以生，盡
> 得一之化以成。（〈得一篇〉）

> 故一者，萬物之所導而變化之至要也，萬方之準繩而百變之權量也。
> 一，其名也；德，其號也；無有，其舍也；無為，其事也；無形，
> 其度也；反，其大數也；和，其歸也；弱，其用也。（同上）

天地萬物有殊形異類是因稟「氣」不同之故，但殊形異類皆需有「一」（德）
以生成，依嚴遵無形之位階上者能生成下者來看，「德」與「氣」為位階不同
之兩概念；「德」是一種形上原理，萬物萬方均需依德而行，人亦需合德而行
之。《指歸》將氣置於太和之下，太和含囊陰陽，氣則陰陽始別；神明、太和
猶可謂之具有氣概念，道、德則不可如此說之。〈道生一篇〉以「無之無」、「無」
稱神明、太和，而以「虛之虛」、「虛」稱道、德，可知《指歸》乃自覺地區
分為兩組，認為二者之間有質性之異。道、德連用的情形在《指歸》中屢見
不鮮，可為旁證。在內容上，「德」不僅不是「氣」，也無任何氣概念可見；
在用語上，嚴遵亦自覺性地以「虛」一詞指稱「無無之無」，可見「虛」一詞
是較「無」一詞更能體現無之義。《指歸》中除一處以「道虛德無」（〈道生篇〉）
表示「道」比「德」更無之外，幾全依上述之分。

　　綜上所述，有形者是因太和因其「和」而能透過「氣」被形塑，太和因於
神明，神明是「存物物存，去物物亡」，因此萬物有形軀而無神明，有敗亡之虞；
太和與神明二者皆帶有氣概念之性質，但程度不一，因其無的成分多過有的成
分，若直截說二者即是氣，則喪失嚴遵「無之又無」的本意，然二者有與氣相
近之部分則未能否認，否則未能得二者「有」之跡何在。故，在嚴遵無形世界
中，氣瀰漫的範圍，除具物質性意味濃的「氣」外，「太和」、「神明」若從其性
質「有」的方面來看，可以被劃入廣義的氣之中；若從其性質「無」的方面來
看，劃入氣中則未能顯其虛無靈妙之處，此為不得不留心之處。

　　「太和」之「和」無氣概念於其中，方能使具氣概念者得運；「神明」、「德」、
「道」等，理應一階高過一階，終而確立為一切之根本。「神明」因於「德」，
嚴遵除稱其為「無無之無」外，亦稱之為「虛」，可知「虛」一詞較「無」一
詞更無，且「虛」於內容上應於「無之無」、「無」有所區別，故氣概念絕不
可再上溯至於此。「德」是「潢然大同，無終無始，萬物之廬，為太初首者」，
渾然不可分而稱之為「一」，沒有始終，超越時空，但卻為「始生生者」，「二」

使「三」得以存而爲「生者」,「一」卻是「生生者」,「一」與「二」在性質上實應有相當大之差異;以「虛」謂「德」,無始無終,宇宙論的生成於此尋得可依之據。但嚴遵對虛無之體認並未止於「德」此位階。「德」爲「生者」之因,爲「然者」,嚴遵又言「德因於道」:「道」爲「虛之虛」,是「始未始之始」,能使無始無終的「德」發用,讓未始之始開始生出生者,生者生出存者,存者生出成者(萬物),爲萬物所由、性命所以,爲一切之根源。《指歸》指出「道」爲「無然然者」,不爲他者所生,確立了「道」的無上地位。

依嚴遵的說法,「道」因「虛之虛」故能生「一」,「一」因「虛」故能生「二」,「二」因「無之無」故能生「三」,「三」因「無」故能生「萬物」等有形者,因此所有的「生」都是因於「無」,萬物因而被創生、創造。「太和」、「神明」就其「有」的方面來說,可以被歸作氣化宇宙論,能對於客觀天地做出存有的說明。「一」可被劃入本體論或宇宙論進行討論,在被歸入宇宙論之時,若不留意其與本體「道」之關係,極易喪失「一」的原理性而被認爲只是「氣」,與「道」之關係被削減,失其精義;在被劃入本體論討論之時,必須明白:「道」方爲究極本體,「一」乃下啓氣化宇宙論之重要關鍵。

第三節　《指歸》之思維模式

嚴遵〈道生一篇〉以作動詞的「無」之增累,層層化去吾人對有之執著,得出「無無無之無」等詞語,前所未見。此外,在「無之又無」的思維模式之外,嚴遵實另有一「玄之又玄」的思維與之相配。《指歸》大量以此二種思維模式疏解《老子》,以下逐一論述之。

一、無之又無

《指歸》有云:

> 有虛之虛者開導稟受,無然然者而然不能然也;有虛者陶冶變化,始生生者而生不能生也;有無之無者而神明不能改,造存存者而存不能存也;有無者纖微玄妙,動成成者而成不能成也。……由此觀之,有生於無,實生於虛,亦以明矣。(〈道生一篇〉)

由前文嚴遵之形名觀,可知:虛之虛(無無無之無)爲「無然然者」,虛(無無之無)爲「然者」、「始生生者」,無之無爲「生者」、「造存存者」,無爲「存

者」、「動成成者」，而萬物則應爲「成者」；若從「有生於無」的方向敘述，即：萬物是「所成者」，而「能成者」（能使成者得以動而成之）爲「所存者」亦即「太和」，「能存者」（能使存者得以造就存之）爲「所生者」亦即「神明」，「能生者」（能使生者得以開始生之）爲「然者」亦即「德」；可知「無」並非絕對虛無，因其可再無之而爲「無之無」，「無之無」較「無」爲無，故「無之無」能生「無」，同理，「無之無」再無之爲「無無之無」，再無之爲「無無無之無」，位階高者能生低一位階者。值得注意的是，嚴遵將此方法運用至「無無無之無」（道）即停止，規定其爲「無然然者」，亦即不可有比「絕對虛無」（道）更虛無者來生「絕對虛無」；嚴遵用「無然然者」的「無」，來和形上位階較低者之「始」、「造」、「動」作區別，也就是說：道爲「無然然者」，嚴遵藉「無然」設立形上學追溯的停止點，最終將引出「自然」之概念，此留待後文方述。

　　需說明的是，「無無之無」、「無之無」、「無」同時兼具「能」、「所」雙重身份，亦兼理論上之「因地」、「果地」，可見其構建該宇宙論之環環相扣；唯獨「無無無之無」是只有「能」、「因地」的身份，而爲全能和第一因，〔註29〕故嚴遵云「道」爲「始未始之始」，亦從而凸顯其本體論之建立是經過層層上推之思考，有自覺意識方建立的，其思路相當明確。

二、玄之又玄

《指歸》有云：

道德之化，變動虛玄。（〈爲學日益篇〉）

空虛寂泊，若亡若存，中外俱默，變化於玄。無爲無事，反樸歸眞，無法無度，與變俱然。（〈善建篇〉）

道以無有之形、無狀之容，開虛無，導神通，天地和，陰陽寧。調四時，決萬方，殊形異類，皆得以成。變化終始，以無爲爲常。……清靜柔弱，默默沌沌，仁宛和淖，潤澤虛平。大小周密，纖微無形。玄達萬事，以歸無名。終始反覆，萬福自生。動得所欲，靜失所患。（〈萬物之奧篇〉）

〔註29〕此與亞理斯多德藉思辨推論「第一因」爲至高無上、不動者相仿。唯亞氏視其「第一因」爲一推論上之預設，物理科學方得能展開；嚴遵則僅是藉此方式爲入路，說明其確信存在的虛無本體，人能體之而非一預設而已。

是以君子，動未始之始，靜無無之無，布道施德，變化於玄。怒於不怒，言於不言，攻於不敢，守於無端。威於不武，報怨未萌，圖難於易，治其本根，絕之未兆，使不得然。（〈為無為篇〉）

一反一覆，或為玄德；一覆一反，或為玄賊。（〈勇敢篇〉）

嚴遵論「玄」，重在「反覆」、「變化」，且並舉相反之情狀，稱之為「玄」，如「虛而實，無而有，疏而密，遲而疾」〔註30〕、「怒於不怒，言於不言」，以及「欲不欲」、「學不學」，〔註31〕如此反覆之，「以歸無名」，可知「玄」著重於事物情狀的反覆，且「處其反者得其覆」（〈得一篇〉），各種事物均有所反覆往來，有所「反」，有所「覆」，「有」、「無」亦為一對反覆，故「審於反覆，歸於玄默，明於有無，反於太初」（〈得一篇〉），此即嚴遵教人以「玄教」〔註32〕之因。「玄」是變動反覆不已的，天地萬物之化，「以無為為常」，因此「玄」的思維是採「A 而不 A」、「無 A 而無不 A」，將相反事物情狀進行交融而成。嚴遵此「玄」思維較其「無」思維更為複雜。嚴遵之「無」思維係採不斷無之，以臻至無之境，是一直線向上之思維；「玄」思維則係採對立統一，呈顯不斷變動之消融辯證思維，較原意之「黑」、「深遠」有著更進一步的哲理，順利開採了《老子》「玄」義，並使之豐富化，以合己身之理論建構之用。吾人可以發現嚴遵「玄」之思想與《易》相近，講求相反、變化，而「知玄知默」為揚雄思想一重要觀念，有所承於其師嚴遵，不言可喻。揚雄《太玄》為擬《易》之作，更可見嚴遵承

〔註30〕「故萬物玄同，天下和洽，浮沉軋軏，與道相得。若終而始，若亂而紀。虛而實，無而有，疏而密，遲而疾。無形影，無根朕，彷彿渾沌，莫知所以。獨知獨見，獨為獨不，變化無常，畜積無府。」（〈方而不割篇〉）「玄同」是以「而」字將對反情狀連結起來。

〔註31〕「反眾人之所務而歸乎虛無。欲不欲而造虛玄，學不學而造虛玄，學不學而窮妙極。達人之所不能通，窮人之所不能測，成人之所不能為，有人之所不能得。心志玄玄，形容睦睦，臥如死尸，立如槁木。不思不慮，若無所識，使物自然，令事自事。空虛寂泊，身無所與，萬物紛紛，各如其處。魁如阜揭，澹如巨表，舉錯廢置，常與物反，萬物應之，故能深遠。天下大覆，與神運轉，輔天助地，不敢生善。」（〈其安易持篇〉）「玄」是在對反往來中達至深遠虛無，人之心志亦可法之。

〔註32〕「夫聖人之言，宗於自然，祖於神明，常（本作「堂」，王德有據津逮本、學津本改，今從之）處其反，在默言之間，甚微以妙，歸於自然。明若無見，聽若無聞，通而似塞，達而似窮。其事始於自然，流於神明，常處其和，在為否之間。清靜柔弱，動作纖微，簡易退損，歸於無為。虛無以合道，恬泊以處生，時和以固國，玄教以畜民。」（〈言甚易知篇〉）「玄教」之義，詳見第四章第三節〈玄教：道化政治的具體展現〉。

先啓後之要。

　　欲處理「道生一」此問題，必須先明白「玄」理。《指歸》有云：

> 夫道之爲物，無形無狀，無心無意，不忘不念，無知無識，無首無
> 向，無爲無事，虛無澹泊，恍惚清靜。其爲化也，變於不變，動於
> 不動，反以生覆，覆以生反，有以生無，無以生有，反覆相因，自
> 然是守。（〈天下有始篇〉）

> 夫形動不生形而生影，聲動不生聲而生響，無不生無而生有，覆不
> 生覆而生反。（〈知不知篇〉）

嚴遵指出：「道」之化係變於不變、動於不動，因此「無無無之無」處於「反」，
「反」而「覆」之，所生非「無」，而是「有」，「一」中遂含有「有」，然「一」
從道生，「無」之性遠多於「有」之性，故與「道」之性質最爲相近；「一」
之變化有兩種可能，分作二路來說：一路爲平行交融，無法向上交融，因「無
無之無」之「有」反之生「無」，「無」之增加更逼近「無無無之無」，但至多
只是逼近，仍舊無法與「道」形成一迴圈，且違背「有生於無」之原則，頂
多是在「德」的位階中再與「有」交融，以此類推，「神明」、「太和」亦無法
向上交融之，至多與同位階有「和」之狀態產生；一路向下，爲「無無之無」
其「無」反之生「有」，「無之無」得「有」更多，離「道」更遠，抽象性質
不如「一」純粹度之高而有所不同，故稱「二」爲「無之無」、「一」爲「虛」，
以見二者之異。

　　「德」、「神明」、「太和」皆含「有」、「無」，[註33] 就向下一位階生成而
言，下一位階之「有」皆需因著上一位階之「無」，此即「有生於無」之義；
就同一位階之自身而言，有無反覆交融變化，此即「玄」之義，其中亦可見
對於「和」之看重。唯「道」較特別，只含「無」，向下生出「德」，在最高
位階中沒有平行的有無交融變化而完成「玄」之一反一覆，其證在於《指歸》
中無任何一處是只有「道」與「玄」二者單獨出現，「玄」之出現往往伴隨著
「德」，或是在「道德」連用談變化之時，或是由下而上之修養論，可知在「道」
之中確實僅有「無」，「玄」無法在「道」之中形成一完整迴圈，可明矣。

　　《指歸》中道德二者能表達《老子》思想重「道」、「德」、「無」、「反」
等意涵，充實了「有生於無」此命題之內涵，更重要的是，由《易》引入「玄」

〔註33〕 「有」、「無」之深意，詳見第三章第一節〈「玄」以「有無」統攝「陰陽」〉。

概念，將易理以玄理攝之，使絕對虛無有動之由；若依「玄」之義，有無相反，形上學最高位階可否更弦爲「有」呢？其解爲：不可。因形下世界確確實實爲「有」，若本體置換爲「有」，有生出無，形下世界便需爲無形無名之世界，則爲悖論。嚴遵的形上學架構，實將生命實踐與宇宙創生二者緊密相連，同時點出一切的最終根源：「道」，是不落入時空之中的，無爲、無意志的；萬有皆需得「無」之作用以得其存。

　　《指歸》「無之又無」的思維模式，應本於《老子》「損之又損」（四十八章），唯《指歸》將之從修養論範圍擴展至探求形上本體。《指歸》「玄之又玄」的思維模式，除在章句上本於《老子》首章「玄之又玄，衆妙之門」外，義理上兼有《易》之反覆變化於其中；拉進道家之有、無，即成爲《指歸》「玄」理。嚴遵此二種思維模式，以能確立最高本體的「無之又無」爲主，以能說明本體如何向下展開的「玄之又玄」爲輔。此二種思維可以《指歸》「道」、「德」分別代表之，而《指歸》中「道」、「德」亦常連用；實則此二思維與道德連用，皆可以《指歸》「自然」賅之，留待後文方述。《指歸》此二種思維模式，不僅運用於建立其形上學之義理間架，同時亦反映在主體回歸大道之修養論上，甚至於治國理論上；掌握住此二種思維模式，對於研讀語言文字恍惚不定之《指歸》，甚有助益。

第三章 《指歸》重要義理觀念

本章聚焦《指歸》中「有無」、「陰陽」、「道」、「自然」、「無爲」、「自生」等義理觀念，並指出「道德」運用之意義。下文即藉上述諸義理觀念之關係，以鋪述《指歸》形上義理間架之梗概。

第一節 「玄」以「有無」統攝「陰陽」

陰陽之氣在《指歸》之宇宙生成中出現得較晚，《指歸》如何說明在陰陽之氣以前之宇宙生成，即爲吾人關注之焦點。前文已明《指歸》「無之又無」、「玄之又玄」的思維特色，此二思維模式將有助於吾人掌握其文字語言背後之義理觀念。關於「玄」之論述，前文已述；陰陽思想與《指歸》思維模式如何融通，詳見下文。

一、「有」、「無」觀念的建構與運用

《指歸》資取《老子》「有生於無」一語，認爲萬物爲有形者，生於無形，而無形非專指某一對象，《指歸》以「無」、「無之無」、「無無之無」、「無無無之無」等詞語，分別指涉太和、神明、德、道四者，加上介於有形、無形之間的氣，吾人可由理論位階之上至於下，做此排列：道、德、神明、太和、氣、萬物；由《指歸》資取的「有生於無」此一命題，吾人可知，德、神明、太和爲相對虛無，道爲絕對虛無。於此，吾人可再分析出德、神明、太和雖皆爲無形者，卻或多或少含有「有」於其中，「有」、「無」二者隱於諸名相之下，實爲《指歸》推論宇宙生成之重要觀念，故有必要將《指歸》之「有」、

「無」視作一組觀念，進行理論分析。

（一）有生於無

　　《指歸》承《老子》言「有生於無」，以「有」、「無」作爲哲思觀念，其義大致上可以「形」、「內容」、「理論位階」之異，區分出三涵義：有形與無形、「有」性與「無」性，以及「有」性與「無」性混合而成、卻有組成差異之理論位階。如：

　　　　虛之虛者生虛者，無之無者生無者，無者生有形者。故諸有形之徒皆
　　　　屬於物類。……有生於無，實生於虛……。是故，無無無始，不可存
　　　　在，無形無聲，不可視聽，稟無授有，不可言道，無無無之無，始未
　　　　始之始，萬物所由，性命所以，無有所名者謂之道。（〈道生一篇〉）

　　　　一者，……於神爲無，於道爲有，於神爲大，於道爲小。（〈得一篇〉）

形上世界與有形之徒所處的形下世界，區別在於有無「形」，而在形上世界中，「無」（太和）生於「無之無」（神明），此「無」爲一理論位階之代稱，與「無」性之義有別。「道」（無無無之無）爲絕對虛無，德、神明、太和三者有「有」性、「無」性相混而爲相對虛無。故，《指歸》云「一者」（德，無無之無）爲「於神爲無，於道爲有」，即立基於其對「有生於無」此一命題的反覆使用，使其形上世界不斷無之又無，亦使常人不斷打破自己的思維，而明白以介於有形無形之間的氣言「道」，亦只是落於某種程度之「有」；然「道」並非一無所有（nothing），《指歸》認爲，「道」作爲「萬物所由，性命所以」，自本自根，亦爲萬物所本所根。吾人可繪如下簡圖，以助理解：

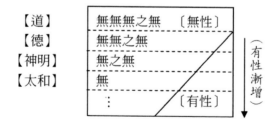

斜線之上表示無性，斜線之下表示有性。〔註1〕無無無之無爲絕對虛無，故不

〔註1〕　此處「無性」、「有性」二詞之用，實有異於牟宗三「道之雙重性」所云之有
　　　　無二性；本章第二節〈「道」與「自然」〉將有更深入之說明，謹先於此提醒
　　　　讀者注意。

含任何有性，此下有性漸增、無性漸減；此爲形上世界位階無性、有性增減之推移。

　　從根源上來說，有形與無形的差別亦是肇因於有性與無性相推移，萬物爲有形者，然萬物身上亦同時兼備「有」、「無」，此點可從「神明」（無之無）居於萬物得知：

> 夫神明之在人也，得其所則不可去，失其所則不可存，威力所不能制，而智惠所不能然。（〈生也柔弱篇〉）

> 神明所居，危者可安，死者可活也；神明所去，寧者可危，而壯者可煞也。……堅強實滿，死之形象也；柔弱滑潤，生之區宅也。（同上）

萬物死生決於神明去留，神明是「造存存者」、「生者」，萬物皆有神明居留，而萬物若造作強求，則神明去之。神明爲「無之無」，而「無之無」居留於有形之萬物，可知萬物存在必有無性居於其中；從「形」來說，萬物爲「有」，然就內容來說，萬物亦爲「有」、「無」相混而成，雖爲有形，內亦具「無」性。何以致此？《指歸》有云：

> 道德神明、清濁太和，渾同淪而爲體，萬物以形。形之所託，英英榮榮，不睹其字，號之曰生。……夫生之於形也，神爲之帝，精爲之根，……進與道推移，退與德卷舒，翱翔柔弱，棲息虛無，屈伸俯仰，與時和俱。輕死與之反，〔註2〕欲生與之仇。無以爲利則不可去，有以爲用則不可留。故無爲，生之宅；有爲，死之家也。（〈出生入死篇〉）

萬物藉道、德、神明、太和以成形，生命進入形體，隨道德變化，不以之爲利則不離去，因萬物其內虛無、其行無爲之故。由此可知，《指歸》的「有生於無」，往往兼指 1.有形生於無形、2.有性生於無性，以及 3.在宇宙生成論中理論位階低者（有性較爲彰顯者）生於較高者；有、無的三涵義同時被概括使用，成爲《指歸》對「有生於無」的理解與詮釋。萬物爲有形者，因道、德、神明、太和等無形者而生，道爲絕對虛無，德之有性因道之無性而有，德成爲有性、無性相混中理論位階最高者，以下生成依此類推，直至生成萬物，而萬物雖爲有形，實亦爲有性、無性相混者。從「有生於無」而導出的有無推移，貫串《指歸》的宇宙生成，顯然易見，其中以萬物之生最能體現

〔註2〕津逮本、學津本作「友」，依王德有校改。

「有生於無」的三重涵義。

（二）有無相生

　　「有生於無」係《指歸》承《老子》而來的一個命題，「有無相生」則是另一個命題。在《老子》中，「有生於無」係運用於形上學的架構，然「有無相生」卻僅是說明事物的相對性，與「高下相成，音聲相隨」同為形下事物的相對性表達，而非用於形上學的建構；在《指歸》中，「有無相生」作為一項原則被廣泛使用，與「有生於無」同為《指歸》建構其宇宙生成論的兩大論據。《指歸》云：

> 夫道之為物，無形無狀，無心無意，……無首無向，無為無事，虛無澹泊，恍惚清靜。其為化也，變於不變，動於不動，反以生覆，覆以生反，有以生無，無以生有，反覆相因，自然是守。（〈天下有始篇〉）

> 虛實相歸，有無相生。（〈信言不美篇〉）

> 形動不生形而生影，聲動不生聲而生響，無不生無而生有，覆不生覆而生反。（〈知不知篇〉）

「道」為絕對虛無，其中僅具無性而不含有性，而「德」為相對虛無，其有性來自「道」，因其為全然的無性所生，爾後方相反相成。無能生有，乃因「有無相生」為自然法則，因此「道」自然而然從絕對虛無中生出有性，而此始生之有性即「德」所有之，「德」復因其無性而生「神明」之有性，如此有性於「德」、「神明」、「太和」中漸增，直至有形萬物生成。無能生有，使「有生於無」得到原理性說明。有能生無，指的是無能生有後的回歸，此種回歸在「道」中是不會發生的，因「道」為最高創生者，不為它者所生，且「道」中不具有性，亦無從回歸，至於「德」、「神明」、「太和」，皆因其上一理論位階之無性而有的有性，在其各自的理論位階中，有能生無的回歸，皆有所見，並能再現無能生有此原理，在一理論位階上反覆如此，「反以生覆，覆以生反」。此有無相生亦可說是有無相歸。

　　有無的反覆變化，可以簡稱為「玄」：「聖人……審於反覆，歸於玄默，明於有無，反於太初」（〈得一篇〉）、「玄達萬事，以歸無名。終始反覆，萬福自生。動得所欲，靜失所患。」（〈萬物之奧篇〉）、「（君子）布道施德，變化於玄。怒於不怒，言於不言，攻於不敢，守於無端。……圖難於易，治其本根，絕之未兆，使不得然」（〈為無為篇〉）。有無反覆之始肇因於「道」之絕對虛無，而後

「德」能展現有無反覆之變化，形下世界有所變化肇因於「德」，因其為最高之有無反覆變化，無人能與之匹敵；人若能見出有無反覆變化之玄，行為與之同，「言於不言」、「守於無端」，能明於有無，在無名之中對事物變化得其本根，洞燭先機。「玄」之始肇因於「道」，體道之人自能通曉玄理。

通曉大道，並非易事，乃因宇宙生成由絕對虛無所始，無形者難以言說，且此理是習於有形世界的人們所難理解的。《指歸》有云：「夫天地有類而道德無形。有類之徒，莫不有數；無形之物，無有窮極。以有數之物託於無窮，若草木離土，眾星離天，不足以喻焉。而謂之不然，則是不通乎有無相包，虛實相含。」（〈道生篇〉）若人欲用有所限之形下事物說明形上事物，是無法真正明白通曉的，若是有人認為此言差矣，則是因其不明白有無相生反覆變化之理，玄理之所以歸於無名，乃因其甚難言說之故。故《指歸》云「審於反覆，歸於玄默」，對於人如何洞燭宇宙生成變化，自有其深意，亦因此《指歸》少言有無變化，而多從具體事例說明其理，然《指歸》對有無的掌握與運用，吾人依然可尋其義理脈絡見之。

二、一陰一陽之謂「天地之道」

《易傳·繫辭》「一陰一陽之謂道」此說，西漢習以氣化宇宙論進行詮釋，大致可以元氣之理論位置分作二類：一為以元氣為本根的氣化宇宙論，一為以元氣為生成過程的氣化宇宙論；二者的差別即在於最終之存有應為何種性質。前者可以《春秋繁露》之說〔註3〕為代表，以陰陽氣化論道；後者可以《淮南子》之說〔註4〕為代表，陰陽氣化是「道」生化萬物之過程。《淮南子》之「道」不以元氣為質性規定，在此方面大體承繼老莊而說無心無為，符合道

〔註3〕 董仲舒的「天」具濃厚宗教神意味，同時亦矛盾地為物質性的元氣，如將「天」的情緒解釋為「氣」之表現：「春氣愛，秋氣嚴，夏氣樂，冬氣哀；愛氣以生物，嚴氣以成功，樂氣以養生，哀氣以喪終，天之志也。」（《春秋繁露·王道通三》）唐君毅指出：「董子之言仁為天心，言天實有愛惡喜怒之情，表現於寒暑與春夏秋冬，而重天之感情之順四時而流行，……使人覺此天之情感，乃在一自然秩序中，自動自發以流行者。人在四時之中，乃無時不與一有情之天帝相覿面；人亦得於自然四時之神氣之運中，隨時見天之感情意志。」（氏著《中國哲學原論·導論篇》第十七章第四節，臺北：學生書局，2004 年 10 月，全集校定版三刷，頁 569。）

〔註4〕 《淮南子·天文》有云：「太始生虛霸，虛霸生宇宙，宇宙生元氣，元氣有涯限，清陽者薄靡而為天，重濁者凝滯而為地。」

家之義；《指歸》在宇宙生成論之結構上類於《淮南子》，但全書未見「元氣」一詞，其如何解釋「一陰一陽之謂道」值得吾人注意。在《指歸》中，「道」與「天地之道」略有不同，循而察之，或有所得。

（一）天地生於太和，太和「含囊陰陽」

《指歸》有云：

> 天地生於太和，太和生於虛冥。（〈得一篇〉）

《指歸》論萬物之生成時，指出：「天地，物之大者，人次之矣。夫天人之生〔註5〕也，形因於氣，氣因於和，和因於神明，神明因於道德，道德因於自然：萬物以存。」（〈道生一篇〉）有無相生反覆變化之理，道、德、神明、太和均守之，此理「氣」亦應守之；然從太和至萬物的生成過程，依上文之意似應為：【和→氣→萬物（天地人）】此乃為略論之說，《指歸》於他處則說得較為細膩；此處雖仍可以上述有無推移之說釋之，但極易滑失《指歸》論氣精妙之處。太和為「無者」，為無形世界中最接近有形世界者，有「形」意指所具備之物質性可為人所見聞，太和在無形世界中即為最富含物質意味者，使有形萬物成形，完成「有生於無」中之「有形生於無形」，為宇宙生成論之最後一階段：

> 清濁太和，至柔無形，包裹天地，含囊陰陽，經紀萬物，無不維綱。（〈至柔篇〉）

> 三以無，故能生萬物。清濁以分，高卑以陳，陰陽始別，和氣〔註6〕流行，三光運，群類生。有形儻可因循者，有聲色可見聞者，謂之萬物。（〈道生一篇〉）

> 天地未始，陰陽未萌，寒暑未兆，明晦未形，有物三立，一濁一清，清上濁下，和在中央。三者俱起，天地以成，陰陽以交，而萬物以

〔註5〕 津逮本、學津本作「天之生人」，王德有點校本作「天人之生」，然未說明其故。二說以前者於義理上較為嚴密，然較不合全文語脈：今指出王氏之說其義理上之模糊性，詳見附錄一〈章句釐定：「天之生人」與「天人之生」〉，並以全文語脈為依歸，仍採王德有之說。

〔註6〕 此處之「和氣」並非「清上濁下，和在中央」之「和」。「刑德相反，和在中央」（〈以正治國篇〉）之「和」，乃「清上濁下，和在中央」之「和」於陰陽刑德中之持續發用，二者之「和」皆具形上義、法則義；「和氣流行」之「和」則是「刑德相反，和在中央」之「和」調和陰陽之氣所形成的狀態，「和氣」意為受調和的陰陽之氣，故吾人不能逕自以之指「和」為「氣」。

生。（〈天之道篇〉）

太和含囊陰陽，因其無之故，「清者爲天，濁者爲地」，〔註7〕陰陽始別而能相交，陰陽交和之氣生成萬物；太和爲「一清一濁，與和俱行，天人所始，未有形朕圻堮」（〈道生一篇〉），具有濃厚氣概念，吾人可將上說列序如下：【太和（含囊陰陽）→天地並起（物之大者）→陰陽始別→和氣流行→萬物（群類）】「三生萬物」過程略爲複雜，並非【和→氣→萬物（天地人）】此般直截，而是天地先開分，陰陽和氣才能流行，太和具濃厚氣概念，天地亦可說是由氣所成，爲有形之物中最大者，陰陽和氣流行而生成次於天地的群類萬物；天地與萬物皆爲有形之物，然生成過程略有差別。

　　由上可知，太和之氣概念濃厚，陰陽雖已孕育而待顯，然終究渾而未分，陰陽始別是在一般所習知之氣中方顯，此形著萬物之氣爲和氣，係陰陽相交而有之氣；吾人或可言，天地乃清濁所成，形成萬物之陰陽自清濁變化而來，故天地爲有形之物最大者。由太和至萬物之生成過程中，有無推移至「形」的臨界點，有性的推進從含囊陰陽到陰陽始別，再至形朕圻堮的出現，而「形」的臨界點即在天地，縱使太和深具濃厚氣概念，然其有無推移未至成形臨界點（清濁並不相交生化，或爲其故），太和所具之氣概念非陰陽之氣，「陰陽」於天地流行之「氣」中始顯，而有不同於有無推移的陰陽相交；從太和到萬物一段之分析，可以見出，陰陽始別是「有性」推進的結果，陰陽變化是繫於「有性」之下的，亦因此陰陽和氣之變化生成「有形」物類。故陰陽之氣只在太和之後呈顯，用於生成萬物，在道、德、神明、太和等有無推移的宇宙生成歷程中，全然不見，《指歸》言陰陽即於天地流行之氣上說，如「陽氣安於潛龍，故能鑠金；陰氣寧於履霜，故能凝冰」（〈民不畏威篇〉）之類與形下攸關者。

（二）「天地」與「陰陽」

　　天地先開分，陰陽隨後和氣流行於天地間，群類生焉。《指歸》認爲天地之道即是陰陽變化：

> 道德之情，正信爲常。變化動靜，一有一亡。覆載天地，經緯陰陽。……
> 故天地之道，一陰一陽。陽氣主德，陰氣主刑，刑德相反，和在中
> 央。……陽終反陰，陰終反陽，陰陽相反，以至無窮。（〈以正治國
> 篇〉）

〔註7〕「天地所由，物類所以：……清者爲天，濁者爲地，陽者爲男，陰者爲女。」
　　　　（〈上德不德篇〉）

　　夫天地之道，一陰一陽，分爲四時，離爲五行，流爲萬物，精爲三
　光。陽氣主德，陰氣主刑，覆載群類，含吐異方。(《〈勇敢篇〉)

道德之變化爲「有無推移」，爾後生成「天地」、經緯「陰陽」；天地之道即「陰陽變化」，陰陽相反相生，和在其中。且因陰陽之故，四時、五行在天地間形成區分，萬物生成，群類亦因陰陽二氣之刑德而有生殺。此處可明顯見出：《指歸》將《易傳》「一陰一陽之謂道」的「道」詮釋爲「天地之道」，而非「道生一」之「道」。「天地之道」與最高位階之「道」雖略有所別，但實際所欲傳達的道理仍是一同的，此處稱言「天地之道」只是欲表明在天地開分間的是陰陽變化，陰陽就著氣於天地中流行，陰陽變化是分解式的說明，並非天地之道的最勝義；「天地之道」的本根仍是「道」，只是「道」於天地間作用於氣上時，側重於一陰一陽之變化，別而稱之爲「天地之道」。

　　需注意的是，前文所引的「三以無，故能生萬物。清濁以分，高卑以陳，陰陽始別，和氣流行，三光運，群類生」之「和氣」，乃此處所引「刑德相反，和在中央」之「和」作用於「氣」上而來，遂稱此氣爲「和氣」，與太和之「和」實有別；從此二者之別，可知：實質內容之「太和」之所以冠上「太」，即意在與不同理論層次卻同名者有義理上之區別，故未能以「和氣」一詞有效地論證「和」爲「氣」。

　　天地之道呈顯陰陽變化，但強調的仍是太和之「和」，以「和」作爲天地之道的綱領。〔註8〕《指歸》云：「天地之道，一進一退而萬物成遂，變化不可閉塞，屈伸不可障蔽。」(〈大成若缺篇〉)、「天地並起，陰陽俱生，四時共本，五行同根，憂喜共戶，禍福同門。」(〈大國篇〉)均可一言以蔽之，以太和之「和」作爲天地之道的綱領，表現出一陰一陽的相互性，亦指出現象界的相對性均可以一「和」字渾同之。嚴遵以卜筮爲生，對「天地之道，變化之機也」(〈信言不美篇〉)體會自深，變化亦僅爲相對相待之事，看重端兆並非只是爲了隨變化而因循，而是更加看重變化背後不變的天地之道，以「和」守之，以「和」爲實踐之理。

　　《淮南子》雖較《春秋繁露》減少氣化宇宙論之氣息，但氣對萬物之決定性地位猶是曖昧不明；《淮南子》與《指歸》在詮釋《易傳》「一陰一陽之

〔註8〕　「和者，道德之用，神明之輔，天地之制，群生所處，萬方之要，自然之府，百祥之門，萬福之戶也。」(〈天之道篇〉)可知：「和」爲「天地之道」的綱領，然「和」仍是以「道」爲綱領。

謂道」時，雖同時將「道」從氣化解釋從抽離出來，然《指歸》更進一步分判絕對虛無之「道」與「天地之道」二者的區別，將「一陰一陽之謂道」判爲「天地之道」，此需道家理論處於詮釋中心，方能做出如此分判。由此觀之，《指歸》將陰陽安置於天地之中，顯然有一足以替代陰陽者之思考，能躍居於建構形上學之中心，進而開展其思想體系。

三、詮釋之移轉：以「有無推移」替代「陰陽推移」

《易傳》「一陰一陽之謂道」的命題，《指歸》吸取其思維，擴大解釋《老子》「有無相生」之義，認爲有無相反相生，簡稱爲「玄」，並將《易傳》的陰陽命題置於太和底下的天地，陰陽在道、德、神明、太和中全然不顯，天地開分後，陰陽始別，和氣流行，一陰一陽之謂天地之道，重新安置《易傳》此命題的理論位置，收攝在有無推移之下。有無推移成爲解析宇宙生成與現象背後原理的關鍵，縱然《指歸》資取《易傳》「一陰一陽之謂道」，而在少言陰陽的《老子》中，大談陰陽，甚至結合刑德；但《指歸》並非完全移植《易傳》之說，而是以更加抽象的有無觀念，表現《易傳》陰陽觀念所具有的特性，以相同的思維論有無，復能以有無推移取代陰陽推移，以此詮釋方式作爲《指歸》的詮釋中心，大幅降低漢代氣化宇宙論的色彩。

（一）「陰陽」收攝於「有無」之下

在太和至萬物之生成過程中，有性的推進從含囊陰陽到陰陽始別，終至形胅圻埒的出現，可知：陰陽始別是「有性」推進的結果，陰陽變化是繫於有性之下的。陰陽之特質雖繫屬於有性，然在有無相生的原則與《指歸》尙無的思想下，無性與有性的地位是相等的，有性的表現仍是以無爲本的，論陰陽實則將有無隱括於其後：

> 性命自然，動而由一也。是故，使天有爲，動不順一，爲高得卑，爲清得裂。陰陽謬戾，綱弛紀絕。和氣隔塞，……萬物皆失。（〈得一篇〉）

> 稟氣不同，殊形異類，皆得一之一以生，盡得一之化以成。……一，其名也；德，其號也；無有，其舍也；無爲，其事也；無形，其度也；反，其大數也；和，其歸也；弱，其用也。（同上）

《指歸》認爲「一爲綱紀，道爲楨榦」（同上）、「因道而動，循一而行」（同上）。道爲絕對虛無，由德至萬物，皆有無性於其中，故云「道爲楨榦」；道

生一，一即德也，道守自然而生有性於德中，德遂為最高之有無相反相生變化，故云「一為綱紀」。道德均以無為本，餘者亦應同之，明白有無相反相生變化之理，無為處事。若是天有為，則陰陽不調，和氣隔塞。可知陰陽被統攝於有無之下，陰陽落在天地之中說，有無則隨處皆可說，而為更根本之變化原理。第二則引文中，將「稟氣不同」之「殊形異類」，與「一」（德）相對舉，明白表示「德」非「氣」；德乃「萬物之所導而變化之至要也，萬方之準繩而百變之權量也」（同上），全然無氣概念於其中，和氣之流行或隔塞，乃因其後是否順從此更虛無之原理，而非天地、陰陽有意自決。天地、陰陽若是有意自決，則是有為，不能無為故不能和，不能得一，故氣塞。陰陽之動，以最高之有無作為居舍之「德」為綱紀。

德作為最高之有無相反相生變化，與道之絕對虛無最相近，其性與道相仿，其玄之變化最為精妙，與天地之道有別，且在其上，明顯可見：

> 是故昔之得一者：天之性得一之清，而天之所為非清也。無心無意，無為無事，以順其性；玄玄默默，無容無式，以保其命。是以陰陽自起，變化自正。……確〔註9〕然《大易》，乾乾光耀，萬物資始，雲蒸雨施，品物流形，〔註10〕元首性命，玄玄蒼蒼，無不盡覆。地之性得一之寧，而地之所為非寧也。……是以山川自起，剛柔自正。故能信順柔弱，直方和正，廣大無疆，深厚清靜，萬物資生，無不成〔註11〕載。（〈得一篇〉）

天地均需「得一」方能清寧，陰陽方能自生自起，品物流形，萬物憑藉而生；在《指歸》的詮釋下，《易》所言的是天地之道，乾道即為天道，將《老子》之道抬高至《易》之道上，輔以有無收攝陰陽。《指歸》資取《易》說，於此明顯可見，如上文即化用《易傳》之語：「大哉乾元，萬物資始，乃統天。雲行雨施，品物流形。乾道變化，各正性命，保合大和，乃利貞。首出庶務，萬國咸寧」（《周易·乾卦·彖辭》）、「至哉坤元，萬物資生，乃順承天。坤厚

〔註9〕 本作「礭」，津逮本「確」，依王德有校改。

〔註10〕 津逮本、學津本作「品物流行」。《周易·乾卦·彖辭》作「品物流形」。王德有認為《指歸》引《周易》之語。

〔註11〕 參諸《周易·坤卦·彖辭》「乃順承天」、「坤厚載物」，《指歸》之「萬物資生，無不成載」，不用「承」而用「成」，為《指歸》有意為之，如「地以柔順成大功」（〈至柔篇〉），其「成」有成就萬物之意。《指歸》此更動，是否有改變乾主坤從或使坤之地位提昇之意，吾人無從得知，然改「承」為「成」，確實較不顯坤僅為輔此意味。

載物，德合無疆。含弘光大，品物咸亨」（《周易・坤卦・象辭》），《指歸》將「乾元」理解作「乾乾光耀」、「元首性命」，天道萌始性命，將「坤元」理解爲「深厚清靜」、「無不成載」，隨後「陰陽自起」、「變化自正」，天道之光耀萬物並非天道有意如此，是「得一」而順性保命之故，「德」方爲所以然；又，《指歸》「太和」一詞應即是由「大和」一詞轉化而來。由此可見，《指歸》引《易》入《老》，係以其所理解之《老》來收攝《易》，故《指歸》云：「大象無形，大狀無容。進而萬物存，退而萬物喪，天地與之俯仰。陰陽與之屈伸。效之象之，若影隨形。」（〈上士聞道篇〉）即爲明證。陰陽觀念未必需依附於氣方可言，動靜陰陽可與最高之理連在一起說，而成「本體論的妙用義」，〔註12〕但嚴遵與同時之漢代人一樣，將陰陽繫於氣，漢代人往往將《易傳》「太極」理解爲陰陽未分化前之元氣，在《指歸》思想中，則是以「太和」一詞表示含囊陰陽，但太和並非其理論之最高位階，太和之上猶有道、德、神明，因此亦不宜直截認定太和完全是元氣觀念的移植；《指歸》思想中，有無觀念佔據詮釋中心，陰陽觀念亦需依從之，也就是說陰陽背後乃有無在運作，陰陽只是表象，太和雖含囊陰陽，仍未穩居最高之理，亦此緣故。太和不可直接以元氣視之，即因陰陽與氣等觀念皆被收攝在有無觀念之下，從有無出發才能掌握其大義，取法於下則失其旨，此或爲嚴遵於《指歸》一書中全然不用「元氣」一詞之故。

（二）氣化宇宙論氣息之淡化

漢代流行氣化宇宙論，《指歸》從眾同爲氣化宇宙論，然二者精義實有不同。漢代氣化宇宙論之論法，往往以氣化流行作爲宇宙論，元氣爲未分化、最原初之狀態，元氣分化遂有宇宙生成，氣化流行而有萬物，萬物秉氣而生，故可同類相應，而有感應之說。《指歸》則不言元氣，認爲天地開分後始有和氣流行。《指歸》的太和具濃厚氣概念，神明之氣概念較淡薄，即因有無推移，愈是上階無性愈豐，《指歸》中僅以天地間之氣生成萬物，作爲其宇宙生成論的一環，七卷中全然未見「元氣」一詞，凡是言「氣」，均在天地之間。《指歸》的宇宙生成論，是以有無相反相生的推移進行的，直至太和生出天地，和氣流行於天地間，此一段方正式有氣參與其宇宙生成論之列。因此，漢代氣化宇宙論的氣息在《指歸》中大爲減少。

〔註12〕牟宗三《心體與性體》第一冊（臺北：正中書局，1973年10月2版），頁362。

　　從有無由上至下說宇宙生成，將陰陽收攝於有無之下，可見《指歸》思想之清俊，但對於習於經驗世界的一般人，恐有理解之難；漢代之時，習用似有若無之氣表達宇宙論，即因氣之材質一面，令人有一較具體的想像。若由下至上說之，透過氣似有若無的特性而強調無的一面，不失為一方法；《指歸》嘗云：

> 道德神明，清濁太和，天地人物，若末若根。數者相隨，氣化連通，
> 逆順昌衰，同於吉兇。（〈善為道者篇〉）

《指歸》不以氣解釋道，道作用於氣上，道與氣並非對立之二元關係，二者是無性純粹與否的不同，只是氣的有性使氣呈顯物質性，氣向下，則有性漸增，能生化萬物，向上則一步步化去氣之有性，太和、神明、德、道，無性漸豐，明白道雖為純粹無性，亦與宇宙論各位階連屬一體。《指歸》此處所言之「氣化連通」，並非意指道、德、神明、太和均為氣，亦並非指其中之一為元氣，而是站在人的角度，看待宇宙根源與人之間存在一媒介，此媒介即氣，向下可顯實化生萬物，向上則化虛回歸宇宙根源，但宇宙根源並非氣，而是宇宙根源在向下步步顯實過程中，有一過程為氣，若以氣規範宇宙根源，便大失其旨，以下位規範上位；《指歸》認為「有生於無」，道為無無無之無，亦即是以「無」為本，流行於天地間之氣亦是以「無」為本，氣不立於詮釋中心，故能以「無」大幅降低氣化宇宙論之色彩。「氣化連通」此句意在表明人與道之間的連通，在此連通之中，雖可分段區分為數者，彼此相隨、相連、相通，並非絕對獨立之個體，而用「氣化」則是因「氣」似有若無，且為連通數者之一，距離亦為連通之一的「人」最接近，故用其「化」說明「連通」之義，強調道、德、神明、太和、天地、萬物，僅是在語詞上有一獨立之名稱，並非各自絕對分離，〔註13〕「連通」方為此語精義所在；換言之，「道」

〔註13〕嚴遵「氣化連通」之義先明，即不會混淆《指歸》中看似相反的「氣化分離」之義。嚴遵〈不出戶篇〉云：「道德變化，陶冶元首，稟授性命乎太虛之域、玄冥之中，而萬物混沌始焉。神明交（本作「文」，據津逮本、學津本改），清濁分，太和行乎蕩蕩之野、纖妙之中，而萬物生焉。天圓地方，人縱獸橫，草木種根，魚沉鳥翔，物以族別，類以群分，尊卑定矣，而吉兇生焉。由此觀之，天地人物，皆同元始，共一宗祖。六合之內，宇宙之表，連屬一體。氣化分離，縱橫上下，剖而為二，判而為五。」嚴遵首先順說萬物如何被生成，接著言萬物生成後產生的區別；嚴遵再指出六合之內的天地人物，與形上的道、德、神明、太和實是「連通」而為一體的，但因「氣化分離」而有陰陽五行之別，萬物之殊即因二五之氣組成不同之

非「氣」，然藉「氣」之「無性」可與「道」相通，餘者皆同，「有性」使諸理論位階表徵有異，然其「無性」之本質並未有所不同。

（三）「有」、「無」、「玄」義界之籠統

嚴遵使用有無觀念，自成體系，雖然未作積極分解式的解說，但嚴遵仍能依循自己的脈絡，說明其理，未明言顯然並非嚴遵思索不精深之故，在其思想體系中，這些高度抽象化的觀念都能使用得當，未有與其體系衝突矛盾處，殊為不易。在這些觀念的初步運用上，嚴遵仍夾帶抽象成分較少者於其中，因此在研讀時必須一一分判清楚，抽象成分較少者又往往為理解較高者之基礎，此乃因嚴遵思想中強調一體之故。

嚴遵自覺性地使用「有」、「無」觀念，亦有將「玄」獨立成為一觀念之傾向，以之說明有無的反覆變化；有、無、玄作為觀念被使用，但嚴遵卻並未作積極性的正面展示與釐清，一則無任何定義式說明，二則不嚴格區分觀念字與日常用字（如「無有」，可就觀念字與日常用字做出兩種解釋），三則以觀念字與理論體系名稱重複，易令人混淆（如「無」可以是觀念字，也可以是「太和」之義），四則觀念字的運用範圍大小不一，概括性太強，反而顯得籠統不清（如「有生於無」的三重涵義）。以上是以哲學要求視之，缺乏對嚴遵的同情理解；若以嚴遵之為人處事與所云之玄教來看，「忠信敦愨，不知為首，玄默暗昧，樸素為先」（〈上德不德篇〉）、「去心釋意，務於無名，無知無識，歸於玄冥」（〈道生一篇〉），對於觀念字的明確說解可能使人執於「知」，反而陷入另一種執著中，或許此為嚴遵少做積極的正面展示之故。

掌握研讀之分際，對於其形上學方有相應之理解；嚴遵的有無觀念在瞭解其形上學時，必須花費較多力氣，然而其落在實踐修養的講述時，則顯得清爽甚許，下文即欲論述之。需注意的是，掌握住嚴遵形上學有無觀念的使用越清楚，對於其人主「無為而無不為」的感化，方能體會得更深刻。

故（如人直立、獸橫身，為人獸之別；動物可各自行動於不同生存空間、植物則根植於地，為動植物之別）。引文中「縱橫上下」之「上下」，由下文的陰陽五行，可知指的是六合中之天地，因陰陽五行只在天地間呈顯，故不可詮釋為氣縱橫於道與萬物間。由上可知，「氣化連通」與「氣化分離」是在不同意義下所說，連通一義貫串《指歸》，分離一義僅在和氣流行變化時說。此外，由此引文之「氣化」一詞，可知「氣化連通」之「氣化」，確實亦僅只是天地間之和氣流行變化，吾人之解釋不可以下位規範上位；參諸《指歸》一書皆然。

第二節 「道」與「自然」

　　《指歸》之「道」兼具實際創生、實現之生二義，「自然」爲「道生」之展開。「道」的實現之生義亦被理解，然若論「道」失卻實際創生義，而所理解之「自然」亦將未能全面，故吾人論「道」，其實際創生義不宜輕易被刊落。《指歸》有云：

> 道之爲物，窺之無戶，察之無門，搯〔註14〕之無體，象之無容，意不能盡而言不能通。萬物以生，不爲之損；物皆歸之，不爲之盈。上下不窮，廣大無涯，消息贏絀，不可度訾。游於秋毫，不以爲少；包裹萬天，不以爲多。青紫光耀，不爲易志；幽冥枯槁，不爲變化。運行並施，無所愛好，稟授性命，無所不爲。德流萬物而不可復，恩結澤締而不可歸。瞻足天下而不費，成功遂事而不衰。其於萬物也，豈直生之而已哉！生之形之，設而成之，品而流之，停而就之，終而始之，先而後之。既〔註15〕託其後，又在其前，神明以處，太和以存，清以上積，濁以下凝。天以之圓，地以之方。陰以得陰，陽以得陽。日月以照，星辰以行。四時以變化，五行以相勝。火以之熱，水以之寒。草木以柔，金石以剛。味以甘苦，色以玄黃。音以高下，變以縱橫。山陵以滯，風雨以行。鱗者以游，羽者以翔。獸以之走，人以聰明。殊類異族，皆以之存；變化相背，皆以之亡。萬天殊狀，水土異形，習俗相違，利害不同，容貌詭諤，意欲不通，陰陽所不能及，日月所不能明，皆以之始，皆以之終。開口張目，屈伸傾側，俯仰之頃，喘息之間，神所經歷，心意所存，恩愛所加，雌雄所化，無所不導，無所不爲。生之而不以爲賫，爲之而不以有求，長之而無以爲有。天下迷惑，莫之能知。（〈道生篇〉）

《指歸》於此引文中即已清楚說出：「道之爲物，……其於萬物也，豈直生之而已哉！」言明「道」是「直生」萬物，且不只如此！「道」具實際創生，亦有實現之生；然不少學者皆刊落《指歸》「道」之實際創生義，往往偏看其實現之生，以之爲解，斯謬矣。《指歸》的確較爲凸顯實現之生一面，然此爲針對人們認爲大道僅是可以實際創生有形萬物此執著而發，並非否定或擺落大道實際創生此一面向。以金春峰爲例，金氏偏看「氣」之一面，致使金氏

〔註14〕津逮本、學津本作「指」。
〔註15〕怡蘭本、津逮本、學津本「既」字之後皆有「而」字。

解《指歸》本體論之義雖佳，然終偏看其生成論一面，處處以「氣」為解，以為其哲思基本模式「仍是生成論而不是本體論」，〔註16〕支離《指歸》義理。〈道生篇〉內含許多《指歸》哲理觀念，可謂其觀念叢之一大集結，如能逐一比對諸觀念，對《指歸》研究影響甚鉅；惜學者未能更重視此處引文。本文於此不逐一說明諸觀念叢各自表述之內容，分見於本文各處，以便有更多空間深入論述。

一、「道」以無性為自性

　　《指歸》以「無」、「無之無」、「無無之無」、「無無無之無」逐步消解人們的執著，使人之思維從故步自封中獲得解脫，意在說明「道」不能以執著認識；「道」超脫於時空外，以今日哲學術語來說，即無法以知性範疇作用其上，遂以「無名」稱「道」。《指歸》從反面入手消解執著，將關懷放在俗世，形上學著墨較少；然透過上文之考察，吾人可把握其大旨，正面闡述之，將關注焦點放在「無性」之上。

（一）道的雙重性

　　此處欲藉牟宗三所言之【無性】、【有性】，〔註17〕以明《指歸》中之「無性」，實具備【無性】與【有性】。道為無無無之無，創生宇宙，為一實體之存在，其特性即為「無性」，然因道具有實體義（reality），故可就其「實在」（real）而言有，「實在」可謂最低限度之有性，只是此【有性】於道中不顯，隱含於「無性」之中，【有性】受「無性」之規範，靜而未動，有一實在即有可能活動而生變化，致使道守自然之時，無能生有，有性由靜至動，有性嶄露頭角，即為無無之無，有性初顯之後，持續顯化，宇宙的生成過程亦即有性的顯化過程；故，上文所論述之《指歸》各位階之「無性」，皆兼具【無性】與【有性】，只是在各位階之「無性」，其【有性】為隱而未發，各位階中之

〔註16〕氏著《漢代思想史》（北京：中國社會科學，2006年2月，增補第三版），頁358。

〔註17〕以下凡言及藉牟氏之義的有性、無性，皆加【】，以與筆者上文採用的有性、無性做一區別。另外，牟氏以作用層說【無性】，以實有層說【有性】，此是在與西方哲學相對所說的「生命的學問」，然西方哲學的實有層之義與生命學問之實有層之義，實有所區別：本文則認為嚴遵之「無性」具備【無性】與【有性】，此【有性】之採用不全依牟氏原意，擴而言之為兼有西方哲學的實有層與生命學問實有層二者之義。

「有性」，方呈現較明顯之特性，因此各位階之特色實由「有性」凸顯，吾人依其特色而能辨別之，然各位階均是以「無性」爲依歸；雖然說「有無相生」，看似將有無平等並列，實際上「有性」乃是從「無性」中之【有性】而來。

綜而言之，《指歸》之「道」實兼備牟氏所言之【無性】與【有性】，可說其「道」亦有雙重性，然而就《指歸》之哲學體系來說，云「道」爲無無無之無、具備絕對的「無性」即可。吾人可說：在《指歸》中，有性可再區分爲「不顯之有性」與「顯化之有性」，《指歸》之「道」含有「不顯之有性」，故絕非僅是一種境界形態，但此「不顯之有性」與牟氏作爲實有層之【有性】，在嚴格意義上來說，仍是有所區別的，牟氏之實有層爲生命學問之教義，《指歸》的「道」所具備之無性能作爲一存有亦可作爲教義，〔註18〕故此「不顯之有性」實含攝西方哲學的實有層之義與生命學問之實有層之義。

（二）「無性」與「無有之有」

道爲無無無之無，具絕對之無性，然其中仍有不顯之「有」可說。《指歸》云：

> 夫道〔註19〕以無有之有，通無間，遊無理，光耀有爲之室，澄清無爲之府，出入無外而無圻，經歷珠玉而無朕。（〈至柔篇〉）

「無有之有」即是無性；從俗世所習慣的正面敘事角度來說，道具有實體義，無性具有屬性義，可說都是最低限度的存在，從無性之特性說「無有」，從存在說「無有之有」，無性即是無有之有，道以之出入宇宙萬物萬事，卻無任何形象徵兆。「無有之有」既得解，且由上文知可用於事上，「無爲之爲」、「不言之言」等，均爲此廣泛之運用：

> 由此言之，有爲之爲，有廢無功；無爲之爲，遂成無窮，天地是造，人物是興。有聲之聲，聞於百里；無聲之聲，動於天外，震於四海。言之所言，異類不通；不言之言，陰陽化，天地感。且道德無爲而天地成，天地不言而四時行。（〈至柔篇〉）

> 是以聖人，建無身之身，懷無心之心，有無有之有，託無存之存。上含道德之化，下包萬民之心。無惡無好，無愛無憎。（〈聖人無常心篇〉）

〔註18〕如：「虛、無、清、靜、微、寡、柔、弱、卑、損、時、和、嗇，凡此十三，生之徒：實、有、濁、擾、顯、眾、剛、強、高、滿、過、泰、費，此十三者，死之徒也。夫何故哉？聖人之道，動有所因，靜有所應。」（〈出生入死篇〉）

〔註19〕怡蘭本、津逮本、學津本皆無「道」，依王德有校改。

吾人可將上文分爲「無有之有」、「有有之有」兩類。〔註20〕《指歸》指出「有有之有」的種種侷限，對比出「無有之有」之無窮妙用，因此「無有之有」的「無有」，是以「無」消解「有」的有限性，第二個「有」則是表示此「無」以另一種形式存在；因此，「無爲之爲」、「不言之言」、「無身之身」、「無心之心」並非是作實有層上的否定，而是透過消解有限性所證成的實有層之表現。「無」並非只作消解之用，而只是作用層，其作爲不同形式的存在而生化萬物，明顯可見；聖人懷無心之心，行無爲之爲，看似無所作爲，然此亦只是在形跡上無所見，實於無所見中有生化正在進行，「道德」即以此而成天地。聖人「上含道德之化」而能「下包萬民之心」，其因即在於「無有之有」所帶來的感應：

〔註20〕此處之二分使人想起何晏的「無所有」、「有所有」之說。張湛《列子・仲尼篇注》引何晏《無名論》云：「若夫聖人，名無名，譽無譽，謂無名爲道，無譽爲大。則夫無名者，可以言有名矣；無譽者，可以言有譽矣。然與夫可譽可名者豈同用哉？此比於無所有，故皆有所有矣。而於有所有之中，當與無所有相從，而與夫有所有者不同。同類無遠而不（「不」字依文意補之）相應，異類無近而不相違。……夫道者，惟無所有者也。自天地已來皆有所有矣，然謂之道者，以其能復用無所有也。雖處有名之域，而沒其無名之象，由以在陽之遠體，而忘其自有陰之遠類也。」
王葆玹認爲「其中『自天地已來』一語，證明這裡的『有所有』、『無所有』同宇宙發生的問題有關。『無所有』是天地形成以前的階段，應包括《淮南子》所謂的盧霩、宇宙，或張衡《靈憲》所謂的道根、道幹，而《孝經鉤命訣》所講的太易、太初、太始、太素、太極，都可用何晏講的『無所有』來概括。這裡的『有所有』，包括天地、陰陽、五行、八卦、六十四卦及萬事萬物等。從『無所有』到『有所有』的過程，就是盧無創世的過程，亦即宇宙發生的過程。在這裡，宇宙發生論大大簡化了。……何晏這理論的落腳點不再是『法天』，而是『貴無』。不過應指出，何晏只強調『天地以來』人們對『無所有』的復用，而未充分肯定『無所有』在『天地以來』的存在。與王弼比較，何晏對宇宙生成論的簡化和貫通還不夠徹底。」（氏著《玄學通論》，臺北：五南，1996年4月初版，頁395～396。）
吾人可以提問：何晏爲何接受「以無爲本」此命題？「無所有」、「有所有」的提出，是否如王曉毅所說是從佛教經典而來？「無所有」、「有所有」的觀念，是否前有所承？「無所有」、「有所有」爲何以「天地」爲界？王葆玹所說的「簡化」，是根據什麼來簡化？如果依王氏之說爲漢代宇宙發生論之簡化，則論述太快，因「無所有」、「有所有」的使用，在王氏之說下應該是新思維的提出與運用，而非只是簡化；如果是嚴遵學說曾有學術流傳與影響，是否方爲何晏簡化之對象？或非簡化而是理解之對象？又爲何嚴遵之名不曾出現於何晏與王弼的討論之中呢？何晏曾引夏侯玄之說：「天地以自然運，聖人以自然用。」此「自然」成爲一觀念，然理論上天地是如何以自然運的？又爲何能夠？史料固然缺乏，然以上諸問皆有待重新思辨。

> 人主〔註21〕動於邇，則人物應於遠；人物動於此，則天地應於彼。
> 彼我相應，出入無門，往來無戶。天地之間，虛廓之中，遼遠廣大，
> 物類相應，不失毫釐者，同體故也。（〈不出戶篇〉）

> 變化終始，以無爲爲常。無所愛惡，與物大同。群類應之，各得所
> 行。（〈萬物之奧篇〉）

「道」是以無性爲自性的存有，其內容爲純粹無性，無性即「無有之有」，遍在宇宙萬物萬事中，雖不似「道」具純粹無性，然只要「因道而動，循一而行」，「無有之有」即能被體現，生化亦被體現，事物雖有遠近彼此之別，亦能於無所見中相感應，此即因在「無有之有」遍在的「氣化連通」之中，彼此實爲一體相通；因此，聖人以無爲處世，體現「無有之有」，群類自然相應且能自我生化實現。需說明的是，此「無有之有」本身即是無性，因此不構成前文所謂之「玄」；「玄」之始肇因於「道」，德、神明、太和等皆有無性於其中，法道而體現無性，生化實現自然而然，此即是自然，亦即是自生。由此亦可知感應之說在《指歸》思想中可有可無，爲一簡易說明之用，不佔決定性之理論地位；有無之說超越於氣化、陰陽、感應之上，位居理論詮釋中心，可見嚴遵異於時人之說，慧心獨具。「道」是以無性爲自性的存有，嚴遵思想以此於漢代氣化宇宙論中獨樹一幟。

（三）「道」、「玄」與「和」

從前三節對「天地」、「有無」、「道」的分析，吾人可以得知：「天地」之道以「和」（太和）爲綱領，存在於天地間之陰陽二氣亦以「和」爲綱領，協調爲「和氣」（與太和之和在理論層次上略有不同）而通暢於天地間；氣之陰陽與太和之清濁等特性皆於「有」性中發顯，隸屬於有性之下，有無二性相生相成，反覆往來稱之爲「玄」，呈顯一變動不已之狀態，「德」爲最高之「玄」，向下化生出一切有性之特徵；「道」爲絕對虛無，「無性」豐滿而無「有性」之發露，呈顯出虛靜之相。

「道」雖不顯露「有性」，然「道」爲一客觀實有的實在，有性只是潛藏，待「道」之發動而爲「德」，有性顯露，遂於「德」中與無性構成「玄」，此最高之「玄」並不在「道」發生，乃於「德」中始現。「德」之「玄」因其無性向下生出有性，有性漸增，顯出「神明」、「太和」之特性，「神明」、「太和」

〔註21〕怡蘭本、津逮本、學津本作「生」，依王德有校改。

此二者各自涵具有性與無性，亦形成有無反覆往來之「玄」；其中「太和」之中具「清、濁、和」，「清」、「濁」乃有性推進之後的發顯，二者有別，故有所謂「和」，「和」為有性中之異的調和，亦為有無反覆下「玄」的另一種表現，將「玄」於有無中的反覆，運用於有性中相異二者，然非強調其變動不已，而是強調相和而用。

此「和」依《指歸》義理來推，應屬於無性之表現，作用於同位階之有性上。《指歸》：「一，其名也；德，其號也；……反，其大數也；和，其歸也；弱，其用也。」、「因道而動，循一而行。道之至數，一之大方，變化由反，和纖為常，起然於否，為存於亡。」（〈得一篇〉）吾人可得知：「德」藉「反」而變化，即有無反覆往來之「玄」，「道」為絕對虛無、絕對虛靜，一切皆需因憑著絕對虛無而動，「德」、「神明」、「太和」等皆是，其中以「德」之「玄」為變化之最始者，故一切循「德」而行動變化，「德」雖藉「反」而變化，然以「和」為恆常與長久之道，從相反之處開始，於「無」（「亡」）中得存，故依此可推論：「和」為無性之表現，作用於同位階之有性上。換言之，「和」是據「道」之無性而作用於同位階之有性上，使「玄」之有無反覆變化於動中得靜，令有性中相異者得「和」，有性與無性亦「和」之，此「和」實為「道」的另一種呈現。

綜而言之，「道」為絕對虛無，亦為絕對虛靜，「玄」為相對虛無者據「道」所顯現的變動，「和」為相對虛無者變動下的平衡表現，為動中之靜，側重於有性中相異二者之相和。由「道」至「和」，中間必然經過「玄」，因「道」為絕對虛無，不呈顯相對性，經由「玄」之反覆變化而有相對性可言，「和」所和者即相對之二者。「玄」以「道」為據，以「和」為變化之歸趨；「和」以「道」為則，以「玄」為歸趨之過程；「道」為「玄」、「和」之楨榦理則，「玄」、「和」二者為「道」發用之不同面向的呈顯，皆為道用。

二、自然：「道」本體宇宙論義之展現

《指歸》之「自然」為一含賅「無之又無」、「玄之又玄」此二思維模式者，吾人可以此二思維解開「自然」深意，然亦需將之還原為不可分割的「自然」己身，使之為一原則性總綱，方能真正活絡《指歸》義理哲思。

（一）不無不有，乃生無有

《指歸》有云：

　　神明之數，自然之道，無不生無，有不生有，不無不有，乃生無有。……
　　是以聖人，不爲有，不爲亡，〔註22〕不爲死，不爲生，游於無、有
　　之際，處於死、生之間，變化因應，自然爲常。（〈爲無爲篇〉）

從體道者之角度來看，神明居於聖人上，聖人展現自然之道，即「游於無、
有之際，……變化因應，自然爲常」，可知：「自然」爲「不無不有」、「游於
無、有之際」，不執於有，亦不執於無，「反覆相因，自然是守」（〈天下有始
篇〉），「有」是「因」，「無」亦是「因」，並非執於「無」便能通達，不無不
有，反覆相因，方爲「自然」。「道」爲絕對虛無、絕對虛靜，但並非死無、
死靜，而應爲無有之有、無動之動，方符於《指歸》義理歸趨。由「道」之
出入萬物，即可知「道」性質之神妙，雖爲絕對虛靜，亦是無動之動，出入
萬物，並非常人以二元思考所能執定；吾人不能執於「無」，方爲「無之又無」
精神的發顯。「自然」的「不無不有，乃生無有」，即表現出「道」此義理性
質，因此，「自然」並非爲凌駕於「道」之最高規範，〔註23〕而是「自然」爲
「道」義理性質的表現。〔註24〕金春峰有言：「道是『不有不無』，是存在於
有無變化之中而又不落於有無的規律和力量。」〔註25〕「道」本身即是「自
然」，爲絕對虛無，不執有無；若執之，「道」離「自然」，亦即離其自身，如
此則不能造天地、起陰陽。〔註26〕天地得造、陰陽得起，可知「道」不須臾
離其自身。

〔註22〕津逮本、學津本作「無」。

〔註23〕持此見者，如陳儷文（《《老子指歸》一書道涵義探索》，頁71）、陳廣忠（《中
　　　　國道家新論》，合肥：黃山書社，2001年11月第1版，頁536）等。

〔註24〕金春峰：「自然是道的本質的規定」（氏著《漢代思想史》，頁355）、「在《指歸》
　　　　中，道是哲學的最高範疇，但道的根本屬性與規定，就是自然。……作爲自然，
　　　　道的本質的規定是無爲、無心，沒有任何目的和有意的作爲」（同上，頁353
　　　　〜354）、《指歸》的自然概念包含三重相互關聯的含義，（1）萬物是自形自成
　　　　自生自滅的，反對宇宙萬物之外的主宰者的存在，……（2）反對宇宙之中有
　　　　某種『目的』、『善』的存在。……（3）自然是萬物自己存在、生長、變化的
　　　　原因、規律、根據和力量，是不以人的意識爲轉移的客觀過程」（同上，頁356）。
　　　　劉爲博：「道以『無有之有』、『不無不有』之神妙出入調和萬物的生化變動，
　　　　即是無爲之功的呈顯，也因而弘暢了無爲思想的形而上理論基礎。『自然』代
　　　　表的是道的中心價值，是道的常性；『無爲』則代表了道在自然秩序的呈現。」
　　　　（氏著《嚴遵《老子指歸》研究》，頁54。）

〔註25〕金春峰《漢代思想史》，頁356。

〔註26〕「道釋自然而爲知巧，則心不能自存，而何天地之造，陰陽之所能然也？」（〈行
　　　　於大道篇〉）

　　「不無不有」非一邏輯命題，不是邏輯的陳述（logical statement），而是玄智之智照下所說，對「自然」有此一眞知；滯於有無即是執著，故「不無」、「不有」不可以質範疇之否定命題（negative proposition）視之，而是一種辯證的詭辭（dialectical paradox）〔註27〕之運用（以佛教語則爲遮詮語），「不無不有」即主觀地消融一切黏滯；在《指歸》哲思中，自然之道本身亦消融一切滯滯。「自然」之所以能「生」，即因其「不無不有」。「不無不有，乃生無有」指的是藉由不無不有，遂生出「無」和「有」，此「生」兼具牟宗三所謂之實有層與作用層，是創生亦是作用的保存。由於實有層可再區分爲「從實踐上說的實有層」和「從客觀萬物上說的實有層」，〔註28〕因此二者之生雖同爲創生，但卻有價值創生與客觀實有創生之別；《指歸》論客觀宇宙生成之時，同時將價值結合起來論述，並強調無對生的重要性，故其宇宙生成論不僅側重於客觀之結構，「乃生無有」之「生」，除爲客觀實有創生外，同時兼攝價值創生與作用的保存。

（二）以「自然」通貫「道」、「玄」、「和」

　　有無反覆變化稱之爲「玄」，「自然」則更進一步爲不無不有，因不無不有而生出「無」和「有」，可知：「玄」以「自然」而順利得生「無」、「有」，

〔註27〕 「辯證的詭辭」一詞之說明，詳參牟宗三《中國哲學十九講》，頁140～154。

〔註28〕 牟氏認爲中西哲學有差異，中國哲學從「修養」（生命實踐）上講，而與西方哲學從「客觀實有」上講不同。儒、釋、道三家皆有境界之說，雖皆有境界形態的形上學之意味，但唯獨儒家之形上學除「作用層」外兼有「實有層」（仁、義、禮等價值使「行爲物」得以被挺立），只是不同於談客觀萬有的西方哲學的實有與創造，但仍可稱之「創造」（「不誠無物」）而判爲「實有形態之形上學」；道家只有「作用層」，是從「主觀」上講而非從「存在」上說，爲心境上之不執，即道家之形上學中無一定之價值內容，雖《老子》有道之雙重性之「有性」，頂多讓其形上學有一「姿態」，但仍非眞具有實有層，因此牟氏將之判爲「純粹的」境界形態之形上學。（同上注，頁103～105。）

需留意的是，牟氏認爲：「基督教說上帝、儒家說『天命不已』，是實有形態，那叫做實有形態的形上學（"Being-form" metaphysics），或存有形態的形上學。……西方的『實有形態』的形上學大體從思辨理性進入，……儒家從實踐理性進入，所以講心性，講工夫，這樣，也有境界，也有實有。」（氏著《四因說演講錄》，臺北：鵝湖，1997年3月初版，頁77～79。）儒家雖被判爲「實有形態的形上學」，但在「實有層」外另有「作用層」，而與西方的實有形態形上學不同；由此吾人可再將牟氏的「實有層」區分作「實踐的實有層」與「客觀的實有層」，而將「實有形態」區分作「實踐的實有形態」（儒家，兼有作用層）和「客觀的實有形態」（西方哲學，僅具實有層），以避免混淆。

「自然」之義顯較「玄」之義更具統攝性。「玄」既然統攝於「自然」之下，「和」亦當然；「和」因「玄」而後有，「玄」因「自然」而得生，「和者，道德之用，神明之輔，……自然之府」（〈天之道篇〉），「和」爲動中之靜，無性作用於有性之異上，雖非「不無不有」，卻亦有異曲同工之妙，符於「自然」之理。

　　簡言之，「道」即「自然」，「道生一」之「生」乃是依於自身要求，自然而然地生出「德」，「德」之「玄」亦依準「自然」而能順利向下生出「無」、「有」，「和」因「玄」之暢而後有，「和」之表現亦符應「自然」。《指歸》云：

> 故虛無無爲無知無欲者，道德之心而天地之意也；清靜效象無爲因應者，道德之動而天地之化也。何以明之？莊子曰：道之所生，天之所興。始始於不始，生生於不生。存存於不存，亡亡於不亡。凡此數者，自然之驗、變化之常也。（〈行於大道篇〉）

「自然」爲「道」之常性，「始始於不始，生生於不生」、「存存於不存，亡亡於不亡」皆爲「不無不有，乃生無有」之表現；「自然」與「無爲」皆隸屬於「道」，二者之關係，留待後文。「自然」於此展現本體宇宙論〔註29〕之義，「道」是本體亦無處不參與宇宙生成，「玄」、「和」生化天地萬物，皆有「自然」於其中而得成，皆有「道」展現「不無不有」之常性，本體宇宙論於「自然」此原則性總綱中，含括「玄」、「和」，同時表現「道」之常性。「自然」乃依「道」之精神而來，卻能活絡常人執定道爲絕對虛無的想法，對於《指歸》於形上世界的「有」、「無」觀念之運用，在義理上展現一致性，能通釋「道」、「玄」、「和」，使三者關係更顯密切；「自然」於義理解釋上有通釋、通貫之功，然需注意的是：不可將「自然」另提於「道」之上，如此則渾漫義理分際。「不無不有」此說法，可說是《指歸》基於對「有」、「無」觀念應用所帶來的思辨執著而發，因此帶有後設思考的意味；「無之又無」思維的究極發揮，以辯證的詭辭呈顯，將其自身思維模式解構，匯多元萬象於一元大象，致使此大象有生出萬象之無限可能。

（三）「道爲範型」之論衡

　　《指歸》之「自然」爲本體宇宙論之表現，非能以本體論、宇宙發生論

〔註29〕「本體宇宙論」從「生之謂性」的「生」講存在，係在生生不息的宇宙論中表達此本體「生」的特性；易言之，以「生」爲內容之本體，其本體論需藉其宇宙論方能表現其「生」的意義。

之二分法進行規範，此同時亦爲中西哲學所見有別之表現。金春峰在其「道即自然」說中，進一步提出「道爲範型」說，其認爲：

> 《指歸》關於「道」即「自然」的思想，實際上突破了漢代宇宙生成論的模式，進入了「本體論」的領域。因爲「道」既然是自然，「道」對物的「生」和「化」是「不生」、「不化」，萬物是自己運動、分化、成形，具有自己的品德、特性，而僅僅以「道」爲依據，那麼「道」就不再是生成的母體，而是本體論的概念了。……道與物不是母之與子，生與被生的關係，而是榜樣，範型與效法者的關係。……這和魏晉時期的本體論思想十分接近了。……但是《指歸》並沒有脫離生成論的窠臼，毋寧說它的哲學思想的基本模式仍然是生成論而不是宇宙論。因此，關於「自然」的概念，它常常是從生成論的思路提出並將其置於生成論的鏈條之上的。〔註30〕

金氏採西洋哲學之進路，將形上學區分爲本體論與宇宙生成論。西洋哲學本體論乃探求「存在」背後的根據（如第一因、上帝），言本體論者可不言宇宙生成論，並無妨其本體論學說之證成；西洋哲學之宇宙生成論重點在於世界是如何被創生的，其創生歷程爲何（如《聖經》創世紀的神話表述）。金氏依此標準審視《指歸》之形上學，認爲《指歸》言「道」具本體論意味，「道」即「自然」，從「自然」推論「道」與「萬物」是「範型與效法者的關係」，「道」非實體（substance），非「生成之母體」；「道」僅爲一「形式因」，而無「動力因」，此形式可作爲「本體論的概念」，此範型是超絕的（transcendent）而非超越的（transcendental），〔註31〕是眞理（truth）而非實在（reality），義近於柏拉圖的理型（Idea），萬物僅爲仿本（copy），效法超絕的理型。金氏接著對「自然」此觀念進行批判，認爲在「道」即「自然」下，「自然」卻仍與宇宙生發論結合，金氏由此推論《指歸》仍陷於宇宙生成論之窠臼中。

〔註30〕金春峰《漢代思想史》，頁357。

〔註31〕「超絕的」與「超越的」二者之區別，在於：「超絕的」乃是先於經驗且不施作用於經驗之上；「超越的」則是先於經驗而又回頭作用於經驗之上。以柏拉圖爲例，其理型爲超絕的，將創造歸屬於 Demiurge（德米奧格，爲柏拉圖創造之詞，爲一「工匠」，負責宇宙的創造，將物質塑造成合理之樣貌），理型爲一範式，爲萬物之本體，由 Demiurge 依據理型打造 matter（質料）而成萬物，然理型爲完美無缺的，萬物僅爲理型之仿本（copy）卻未臻完美。萬物以理型爲本體，理型卻不負責創造萬物；理型是萬物存在之根據、完美無缺，因此萬物應當效法理型，明白理型才是眞實永恆的存在。

金氏將「道」理解為近於柏拉圖之「理型」義，雖為本體，但只能遙望；其因在於金氏從萬物乃自生自化此點，更動了自身原先對「道」之理解。金氏原認為：「道是『不有不無』，是存在於有無變化之中而又不落於有無的規律和力量。」但考量萬物自生自化此義理處，金氏改而只凸顯規律義，忽視其力量義，爾後遂轉出「道」為「範式」說，認定「道」只是本體論的「概念」，「概念」不能作為創造客觀萬物之用，因此「道」雖為本體，但並非實體。金氏之「本體論」實為西方哲學意義下的「存有論」，從存在上思辨，因此可以只是「共相」或「理型」，而不必然為中國哲學「本體」之義；中國哲學之「本體」往往是本體與宇宙生成連說的，可稱之為「本體宇宙論」，凸顯「生」此面向，《指歸》之義理即為此類型之表現。

《指歸》言《老子》之「道生一，一生二，二生三，三生萬物」，其所言之道、德、神明、太和，皆是就著宇宙生成來說（如太和中之清濁向下發展，即成為天地），「玄」、「和」皆可用以說明生成，其「生」為實際之創生，〔註32〕只是《指歸》中的「生」是無心無意的；《指歸》言「自然」，意在強調「道」之無心無意無為無欲，因「道」的確進行實際創生，但常人易執定以為有一上帝或人格神於其中使然，《指歸》釋其執定，故反覆言「道」之無心無為，非有意於創生上，萬物不覺受宰制，從此方面說萬物之自生自化，但究其實，「道」是創生了萬物。單提「道」之絕對虛無，易令人明白「道」為本體，然亦容易忽略其宇宙生化面，故提「自然」以表達「道」實乃本體宇宙論之義理形態，「自然」是「道」活絡自身真義的一種表達，並非「自然」具動力義而「道」不具之。吾人不可誤以為「道」之上猶有另一更高範疇。

以此觀之，金氏乃將「道」所表現的力量抽掉，將之歸屬於「自然」，「道」遂只剩形式義、規律義，爾後又拿「自然」之生，回頭指陳《指歸》思路仍舊是宇宙生成論，其本體論之義並不堅確；金氏的分析乃是由於其按西洋哲學形上學二分法思路之故，未及思量本體宇宙論此一可能，故在考量「自然」側重生成面處時，終將「道」的「形式因」與「動力因」分開：以形式因言

〔註32〕「道德神明、清濁太和，渾同淪而為體，萬物以形。形之所託，英英榮榮，不睹其字，號之曰生。生之為物，不陰不陽，不可揆度，不可測量。深微不足以為稱，玄妙不足以為名。光耀恍惚，無有形聲。無狀無象，動靜無方。游於虛寂之野，處於無有之鄉。得之者存，失之者亡。」（〈出生入死篇〉）由上可知，「道」與萬物確實存在生與被生之關係，萬物賴以成形，於其本體宇宙論生化中得以生成。金氏言「道與物不是母之與子，生與被生的關係」，可知並不諦當。

本體論，以動力因說宇宙生成論。此舉致使金氏原先所說的「道」即「自然」，在其分析下，「道」不再與「自然」劃上等號，「自然」的理論優先性有高於「道」之趨向，使《指歸》義理在此分析下產生內部分裂，而有金氏「《指歸》並沒有脫離生成論的窠臼」此結語，吾人不得不察。〔註33〕

　　《指歸》之「道」為絕對虛無、絕對虛靜，「玄」可說是有無反覆往來、變化之動，「和」則為無性作用於有性之上、動中之靜。由「道」至「德」必須有一生化，否則「道」只是死無、死靜，生成變化便無從得始；「自然」為「道」本體宇宙論之展現，是對「道」的補強說明，以「無之又無」明白「道」為絕對虛無，亦以「無之又無」成為「道」向下生化之動力，除活絡以思維方式所達至之絕對虛無所可能帶來之弊病，亦對本體宇宙論之生成有其義理上之交代。金春峰掌握住《指歸》「不無不有」之「不有」，卻對「不無」未能有更深刻之體認，遂對「乃生無有」之「生」，另有己見，認為「不生之生」與「創生」無關，卻忽略了《指歸》中形上與形下具連續性、不可切割的特點，使《指歸》的「道」孤懸於萬物之上，萬物只能以效法「道」作為本體依據；金氏認為「道」之「生」非「創生」，以「不有」規範「生」，縱然《指歸》「自然」之「生」明顯為「創生」，金氏依舊認為此乃《指歸》哲思未臻極致之處、未脫離時代影響之故。金氏之說使《指歸》義理出現內部分裂，特此指出，以明《指歸》要義。

第三節　「無為」與「自生」

　　《指歸》以「不生之生」通貫「有生於無」；上述之「道」與「自然」為「不生之生」的根本，至於「不生之生」如何生？即以「無為」而生，致使萬物「自生」。然於《指歸》之論述實隱含多層概念於其中，吾人需分而別之，以見《指歸》之哲思。「無為」是吾人契入大道之柄要，明白萬物乃「自生」之故。「自生」是「自然」之生落實於萬物的表現，因自然而生、合自然得生。

〔註33〕以台灣學界兩本《指歸》學位論文為例：陳儷文承王德有之見解，然未察金春峰此處與王德有之異，未能進一步思索二人詮釋差異何在，於行文中混而用之；劉為博亦承王德有之見，對金氏與王氏之異已有覺察，以王氏為主軸，間採金氏「自然」之說，因劉氏以「自然」為「道」之常性，故得出與金氏相異之結論。劉氏未對金氏「自然」為最高範疇進行否定之論證，未能「破」、「立」兼備，殊為可惜。

「無爲」和「自生」較偏從萬物主體立說，與「道」、「自然」較偏從形上立論不同；從中亦可見出嚴遵從體道者角度出發之視野。

一、無爲：通貫天人之際的柄要

〈天下有始篇〉與〈天之道篇〉兩篇特別值得吾人注意，前者以論「道」爲始，以「無爲」爲論述中心，以「我道相入」作結；後者以「和」爲論述中心，藉天地之「無爲是守」與損益變化，以爲吾人亦應法之、行之。〈天下有始篇〉說：「無爲者，道之身體而天地之始也」，使二篇得以連結互釋，亦使吾人注意到《指歸》於此觀念叢中，概念爲多層次之複合。《指歸》之複合式表現手法，自有其深意，從中或可發掘《指歸》哲學之立足點。

（一）無為者，道之身體

《指歸》有云：

> 夫道之爲物，……無爲無事，虛無澹泊，恍惚清靜。其爲化也，變於不變，動於不動，反以生覆，覆以生反，有以生無，無以生有，反覆相因，自然是守。無爲爲之，萬物興矣；無事事之，萬物遂矣。是故，無爲者，道之身體而天地之始也。……故人能入道，道亦入人，我道相入，淪而爲一。守靜至虛，我爲道室。與物俱然，渾沌周密。反初歸始，道爲我襲。（〈天下有始篇〉）

此處展現《指歸》在說明義理上常見之手法，亦即「心居於身」此觀點的運用。〔註34〕《指歸》中時常出現「府」、「室」、「宮」、「宅」等譬喻，皆是以

〔註34〕《指歸》中常有「天心」、「道之心」等語，然所指並非有意志之人格神，此二語雖前有所承，在《管子》、《淮南子》中皆曾出現，《指歸》皆依其對虛無之體知爲解，對「心居於身」的譬喻進行發揮，與其義理脈絡相貫；另外，又有「神明所居，危者可安，死者可活」、「柔弱滑潤，生之區宅也」、「無爲，生之宅；有爲，死之家」、「心爲身主，身爲國心」、「比夫萬物之託君也，猶神明之居身而井水之在庭也」、「人主者，天下之腹心也；天下者，人主之身形也」等。〈不出戶篇〉又指出「身者，知天之淵泉也」、「去身窺牖，不知天道」，將「身」與天道關連起來，並非偶然之舉，在《指歸》中隨處可見此思想，對於「身」之重視，由此可見。《指歸》「心居於身」的譬喻運用，爲理解《指歸》義理之一大線索，不應輕忽；如〈含德之厚篇〉中所指出「唯無欲者，身爲之宅，藏之於心，故曰『含德』」、「夫德之在人猶父母之於身也」，皆有以身爲宅、心居於身之思想，其中「心」之內容亦可替換爲「德」、「神明」等，此需依《指歸》文本脈絡而定。

「身」作爲原型之譬喻,「居留者」與此「府宅譬喻者」關係緊密,如「柔弱虛靜者,神明之府也」(〈生也柔弱篇〉),即是表明神明居留於柔弱虛靜者之上,只有虛靜柔弱者方能留存神明;被譬喻者作爲一種條件或情狀,以宅寓居留者。因此,在「道」是「無爲」此說法中,「無爲」是作爲「道」的身體,「道身」與「道心」〔註35〕仍是有所區別的,但二者皆可用以指陳「道」之性質、面向;「道心」、「道身」同體而發,二者雖有別,只是對道體更加細密的區分,無礙道體本身之整全。「道心」所指可能爲何,則留待下文。

人若「無爲」,「守靜至虛」,則可使人成爲「道身」、「道室」,「道」可入於人中;人回歸大道之中,「我道相入」,「我」即爲「道心」,「道爲我襲」。《老子》言「道可道,非常道」,《指歸》所言「道」是無爲的,即是在《莊子》「有真人而後有真知」的情況下說的,亦即:吾人雖未能眼見「道」之實在爲何樣態,但藉由「體道」而爲真人,對於「道」有真切之知,故能發此言。《指歸》於「我道相入」中,能從道境中言道體此存有,指陳道體爲絕對虛無、能生萬物,對於道體之妙運,體會甚深;體道之人明白「道」爲絕對虛無,是無爲、清靜的,其生化是藉「自然」之義的「不無不有,乃生無有」,是「爲無爲」,爾後萬物方能生成。「無爲」作爲「道」之身體,亦即「道」之所爲即是「無爲」;體道之人爲「無爲」,「無爲」爲其身,而此居於無爲之身者爲「道」,從身心角度分析地看,此「道」即扮演著「道心」角色,究其實則是「淪而爲一」,無有「身、心」或「我、道」之別。由此可知:「無爲」不僅是「道」之性質,亦在宇宙生成論上有其意義,是「天地之始」,更是「人能入道」之一大關鍵;「無爲」同時兼具「本體宇宙論」與「修養論」之義,將「創生之理」〔註36〕與「應然之理」〔註37〕結合在一起,渾然不分。

〔註35〕《指歸》中有「發道之心,揚德之意。調神順和,任天事地」(〈至柔篇〉)、「達道之心,通天之理」(〈天下有始篇〉)、「體道之心,履德之意」(同上)等語,以「心」爲喻。

〔註36〕形上學中使萬物得以存在者(本體),具有創生之理或實現之理。依牟宗三之意,西方哲學之創生多指向客觀物理天地所由來,中國哲學之創生多指向價值天地所由來,實現之理爲繫於保證價值天地之說下而有。「實現之理」一詞爲牟氏所創,以爲道家之「道」非客觀實體,而僅爲一精神境界,不可云其爲「創生」,只可謂之「實現」。牟氏認爲,儒家聖人「不誠無物」即表達創生之理,乃以儒家道德作爲價值天地背後之根據;道家之「道」雖據本體義,卻不具客觀實體義,聖人無心無爲,不堵塞萬物之性,使萬物自行順其本性生長,以「不生」(無爲、不造作)導引出「生」,此「不生之生」即道家「實現之理」。牟氏對道家之論,學界或有不同意見;《指歸》之「道」亦未必同

《指歸》有云：

> 道無不有而不施與，故萬物以存，無所不能而無所不爲，故萬物以
> 然。（〈方而不割篇〉）

> 無爲爲物，無以物爲，非有所迫，而性常自然。（〈道生篇〉）

前文嘗引「道德因於自然，萬物以存」，因「道」無意生物，道生一、一生二、二生三、三生萬物都是「自然而然」，是以「無爲」行事，非憑藉外在而有所爲、有所迫，看似「不施與」卻同時亦是「無所不爲」，所爲者乃「無爲」。「道」本身即是「無爲」，爲「無爲」而生出「德」、「神明」、「太和」。前一節曾指出：「道」、「玄」、「和」皆可以「自然」來疏通解釋，「道」即「自然」，「玄」以「自然」而生「無」、「有」，「和」理論位階雖略下，然其以無性作用於有性之相異者上，甚類於「自然」，故有「和者，……自然之府」之語。合而觀之，「道」、「德」、「神明」、「太和」亦皆可以「無爲」疏通解釋，對於「自然」之「生」亦能疏解得通；「道」、「德」、「神明」、「太和」，皆可以「自然」與「無爲」進行疏通。但有些許問題仍需吾人思索解決的：「道」即「自然」，亦是「無爲」，「自然」與「無爲」何者更具理論優先性呢？抑或「自然」即是「無爲」？當吾人皆云「道」乃自然無爲時，是渾然不分地指陳「道」的性質，但二者若有區別，是在什麼意義下，需要藉由區別而產生面向之別？《指歸》認爲「無爲者，道之身體而天地之始也」，《指歸》中亦時常出現「道之心」，但卻未明確指陳「道心」爲何；〔註38〕《指歸》中常有以心身爲喻處，

於此論。《指歸》之「道」包含物理天地、價值天地二者，故其「創生之理」亦含「實現之理」於其中，吾人不可不察。

〔註37〕倫理學中，人應當作些什麼、應依何原則而行，此即爲「應然之理」。牟宗三認爲，道家「實現之理」無法與「應然之理」產生必然關係，「應然之理」的道德規範（包含禮法等制度面），未能由道家「實現之理」中有一必然性的導出。牟氏所指爲《老》、《莊》與魏晉玄學等道家學說，實不包含黃老之學，而黃老學之「道」亦非「實現之理」（黃老論「道」多強調其規律性與法則性）。牟氏認爲，道家之「道」只能用於「作用的保存」，其作用層並非像儒家一樣從實有層中透顯出來，只有作用層而無實有層，因此實有層中所蘊含之價值性內容（包括行爲依準的「應然之理」），道家付諸闕如。

〔註38〕劉爲博認爲：「在指歸之中，作者比較不去強調感通的原理步驟，而多言聖人『天心』、『道心』的推應。……我們似乎很難揣測出『天心』、『道心』的實際意涵，但我們可明白見到指歸十分強調『天心』、『道心』的重要性，其主要的原因，就是『上原道德之意、下揆天地之心』是聖人呈現道用的動力，更是聖人能與百姓『同體相應』的重要關鍵。」（氏著《嚴遵《老子指歸》研究》，頁92～93。）劉氏留意到《指歸》使用「道心」、「天心」等語應有其用

吾人可以之爲線索，或有所得。下文即欲探究此惑。

（二）始於自然，歸於無爲

在《指歸》中，「自然」與「道」、「無爲」時常關連著論述，可知三者關係相當緊密。在「道」中，「自然」、「無爲」對於「生」萬物同功，在《指歸》恍惚不已的行文中，不易判斷「自然」與「無爲」何者爲《指歸》義理之最高範疇；〔註39〕因此，在《指歸》常以心身爲喻之情形下，吾人可從體道者之角度進行考察，此亦符合「有眞人而後有眞知」之理。《指歸》有云：

> 夫聖人之言，宗於自然，祖於神明，常〔註40〕處其反，在默言之間，甚微以妙，歸於自然。明若無見，聽若無聞，通而似塞，達而似窮。其事始於自然，流於神明，常處其和，在爲否之間。清靜柔弱，動作纖微，簡易退損，〔註41〕歸於無爲。（〈言甚易知篇〉）

> 是以聖人，虛心以原道德，靜氣以存神明，損聰以聽無音，棄明以視無形。覽天地之變動，觀〔註42〕萬物之自然，以覩有爲亂世之首也，無爲治之元也，言者禍之户也，不言者，福之門也。是故，絕聖棄智，除仁去義。發道之心，揚德之意。順神養和，任天事地。（〈至柔篇〉）

心，但由於在文獻中未有明確指陳，劉氏遂持保留態度；不過劉氏仍舊指出，「道心」、「天心」在《指歸》中甚爲重要，與聖人治國攸關。

〔註39〕金春峰以「自然」爲《指歸》義理最高範疇，但認爲其宇宙論思維更爲根本，故「自然」之最高地位實不穩固。王德有則未明言，然其云「道」，多以「無爲法則」稱之，而少稱言「自然」，可窺知一二。

〔註40〕本作「堂」，津逮本、學津本作「常」，依王德有校改。

〔註41〕《易傳·繫辭上》指出「乾以易知，坤以簡能」，《指歸》之「清靜簡易，退事止言」（〈以正治國篇〉）、「柔弱簡易，無爲而處」（〈大國篇〉）、「簡易退損，歸於無爲」（〈言甚易知篇〉），乃以清靜無爲來釋「簡易」之義，因此《指歸》常以「簡情易性，化爲童蒙」（〈上士聞道篇〉）、「性簡情易，心達志通」（〈善建篇〉）等論述修養行爲。
與上述相關的，還有「清靜爲常，平易爲主」（〈治大國篇〉）、「一奉天數，變性易情」（〈萬物之奧篇〉）等，前者側重在「平易」，後者側重在「變易」：「唯能鍊情易性，變化心意，安無欲之欲，樂無事之事者，道與德也。」（〈其安易持篇〉）此處即指出所「易」之動力來源爲「道德」，以道家之理變化心意。
《指歸》殘卷中，關於心性修養之「易」而不以道家之理釋之者，僅見一處：「使有德之君，變志易心，生息萬事，以教其（津逮本、學津本無「其」字）民，禱祝請福，以至大治者，自然不聽也。」（〈知不知篇〉）此處之「易」僅有單純的變易之義，與上述以道家之理爲釋者相異。

〔註42〕本作「勸」，怡蘭本、津逮本、學津本作「觀」，依王德有校改。

逆向來說，聖人宗法「自然」，其言歸宗於自然；順向來說，聖人本於「自然」，「常處其和」，「在爲否之間」，亦「在默言之間」，以「無爲」爲事。《指歸》此處將「自然」、「無爲」做出細部的區分，從聖人的內心分析來看，乃是以「自然」爲始，則聖人處事歸結於「無爲」。聖人爲道之體現，結合《指歸》心身之喻來看，若「無爲者，道之身體」，亦即「無爲」乃體道者身體行爲表現之依歸，則吾人可合理推論：「道之心」係以「自然」爲依歸。「道心」是從聖人角度出發而稱說的，對道體而言爲一譬喻之用，並非指「道」爲有意志之人格神。聖人「其事始於自然，流於神明，常處其和」，縮合聖人「虛心以原道德，……發道之心，揚德之意。順神養和，任天事地」來看，可知：聖人爲事之「始於自然」即「發道之心，揚德之意」，爾後方能順神明、處其和。至於「和者，道德之用，神明之輔，天地之制，……自然之府」（〈天之道篇〉）、「一，其名也；德，其號也；……和，其歸也」（〈得一篇〉）此二引文，在此義理脈絡中亦可順利得解。需注意的是，《指歸》之中並無明文表示「道心」爲何，故吾人仍未可直截地說道心即自然；然「道心」以「自然」爲依歸，卻是可以確定的。〔註43〕

於體道者之上得此推論，亦呼應《指歸》「神明」居留於身而常與「自然」相提並論此一特點：「神明之數，自然之道，無不生無，有不生有，不無不有，乃生無有。……是以聖人，不爲有，不爲亡，不爲死，不爲生，游於無、有之際，處於死、生之間，變化因應，自然爲常。」（〈爲無爲篇〉）「神明」與形軀之身爲一組心身關係，《指歸》中「神明」常與「自然」在論聖人之時相偕出現，〔註44〕可爲旁證。「自然」爲「道心」之依歸，「無爲」與「道身」相結合，同體而發，故云「道」乃自然無爲；此譬喻應是從「道」之體現而來，聖人之心不爲有、不爲無，不無不有，以「自然爲常」，以「自然」爲心，體現以「無爲」爲身之義，處事以「無爲」行。「無爲」之行與形軀之身遙應，形軀之身應無爲、清靜柔弱，「神明」自然居留，而聖人處事之時，其心「始於自然，流於神明」，「神明」以「自然」爲宗而留存於聖人之身（「虛心以原道德，靜氣以存神明」），以「無爲」運身。〔註45〕《指歸》中「自然」與「神

〔註43〕本章第四節〈結語：兼論「道德」連用〉指出：《指歸》之「自然」即「道」、「德」連用之表現。縮合前文來看，「自然」應是「發道之心，揚德之意」而非僅爲「道之心」。

〔註44〕如：「道德無爲而天地成，天地不言而四時行。凡此兩者，神明之符，自然之驗也。」（〈至柔篇〉）即將「神明」與「自然」進行連結。

〔註45〕關於《指歸》「神明」之義，詳見第四章第一節〈神明與性論的建構〉。

明」常相偕出現，並非偶然，可爲「道心以自然爲依歸」此說之旁證。「自然」與「無爲」藉「反」與「和」展現，因此聖人「通而似塞，達而似窮」，不執定於一方。

《指歸》又云：

> 道德之教，自然是也。自然之驗，影響是也。凡事有形聲，取舍有影響，非獨萬物而已也。夫形動不生形而生影，聲動不生聲而生響，無不生無而生有，覆不生覆而生反。故道者以無爲爲治，而知者以多事爲擾，嬰兒以不知益，高年以多事損。（〈知不知篇〉）

> 聖人……變化因應，自然爲常。（〈爲無爲篇〉）

> 變化終始，以無爲爲常。（〈萬物之奧篇〉）

「自然」、「無爲」皆是「道」，在變化之中，「道」恆守自然無爲，然此「常」是在「反」與「和」中呈顯的，並非一成不變之常。爲體現「自然」之「不無不有，乃生無有」，「無爲」是最恰當的表現方式；「無爲」是「常處其反」、「常處其和」的表現，「無爲」看似與「有爲」對反，「無爲之爲」實則是對反和合的表現。「自然」透過「無爲」而生「影響」，《指歸》從「影響」推論「自然」的存在，以「無爲」作爲「自然」生「影響」的表現方式，將「無爲」放在「治」的功能位置上，以「自然」作爲中心價值；「道心」以「自然」爲依歸，以此心運「道」，「道身」爲「無爲」，從「道」呈現「無爲」來看，有「自然」於其中，「自然」與「無爲」同體而發，「道生一」之「生」得以開展。

《指歸》中無直接章句指陳「道心即自然」，故本文探「道心以自然爲依歸」爲說；二者實皆與「道即自然」說相容無礙。心身之喻可收攝「自然」與「無爲」，準此來檢視《指歸》「無爲者，……天地之始也」與「太和」之關係，或有所得。

（三）天地之道，無爲是守

《指歸》之中，「自然」與「生」密切攸關，「無爲」作爲「自然」的表現方式，亦與「生」有高度關連；「不生之生」此義即需掌握「自然」、「無爲」二義，方能疏通掌握，在宇宙生成論與聖人治國上皆然，下文僅就宇宙生成論部分討論之。

1. 天地以「不生之生」生化萬物

《指歸》有云：

> 天地未始，陰陽未萌，……有物三立，一濁一清，清上濁下，和在
> 中央。……夫和之於物也，剛而不折，柔而不卷，在天為繩，在地
> 為準，在陽為規，在陰為矩。不行不止，不與不取，……。故，和
> 者，道德之用，神明之輔，天地之制，群生所處，萬方之要，自然
> 之府，百祥之門，萬福之戶也。……是以，天地之道，不利不害，
> 無為是守，大通和正，順物深厚，不虛一物，不主一所，各正性命，
> 物自然矣。(〈天之道篇〉)

「和」守「無為」，乃「自然」之府宅，於「清」、「濁」之中運作；在清濁成為
天地後，「和」成為「天地之制」、「天地之道」之主要內容，以「不生之生」生
化萬物。「和」因其「不主一所」、「無去無就，無奪無與」，〔註46〕看似「不與
不取」、「不利不害」，乃因其守於「無為」而如此說之。「和」乃「無為為之，
自然而已」，遵自然、行無為，「不主一所」而使萬物自起、自正，萬物之「各
正性命」、「各反其所」，皆萬物之自然。「天地之道」以「和」為尚，因「自然」、
「無為」而順物深厚，生物之後又與萬物間有一相連續之關係；若以心身為喻，
「和」為「天心」所尚，〔註47〕萬物為身。《指歸》認為「天心和洽，萬物豐熟」
(〈天下有道篇〉)、「天心不洽，四位失常，雷霆毀折，萬物夭傷」(〈上德不德
篇〉)，在以「和」為尚之「天心」、以萬物為身此二者間，有一「感應」之關係，

〔註46〕「天地之道，生殺之理，無去無就，無奪無與，無為為之，自然而已。正直
若繩，平易如水，因應效象，與物俱起。」(〈勇敢篇〉)

〔註47〕《指歸》云：「天心和洽」(〈天下有道篇〉)、「不祀而天心和」(〈大成若缺篇〉)，
可知：「天心」以「和」為尚，亦即「天心」不離「和」。「天地之道」尚「和」，
「形因於氣，氣因於和」(〈道生一篇〉)，陰陽和氣，萬物得生、萬物豐熟。〈柔
弱於水篇〉有云：「無德之人，務適情意，不顧萬民。政失亂生，不求於身。
專司民失，督以嚴刑。人有過咎，家有罪名。百姓怨恨，天心不平。其國亂
擾，後世有殃。是故，天地之道，與人俱行。無適無莫，無疏無親。感動相
應，若響與聲。靜作相隨，若影與形。不邪不佞，正直若常。造惡與之否，
行善與之通。柔弱與之相得，無為與之合同。」此處亦將「天心」、「天地之
道」、「無為」相連結，跟「和」與「天地之道」、「無為」連結相仿，故可合
理推論「天心」亦應以「和」為尚；另外，此處亦指出「感動相應」、「靜作
相隨」，「天地之道」與人之間具有某種「感應」關係，此種「感應」關係是
「無適無莫，無疏無親」、自然無為的，乃因此「天心」並非如董仲舒《春秋
繁露》中人格神意志之展現，「天心」以「和」為尚，「和」守「無為」，故「天
心」一詞雖以「心」稱之，並無一人格神存在之義，「不祀而天心和」(〈大成
若缺篇〉)即為明證，此詞之義仍依準道家義理，其「感應」亦不同於董仲舒
之「天人感應」說。

〔註48〕此「感應」亦即「不生之生」,「萬物自取」即在此冥冥之中「感應」而成。《指歸》中之「感應」並無任何神祕色彩,〔註49〕「不生之生」除均可以「自然」、「無爲」釋之,亦可以「有」、「無」觀念釋之:「道」與萬物相連爲一體,只是「有」、「無」程度不同,而且「有生於無」,萬物因「和」守自然無爲、守絕對虛無之大道而生,此「感應」遂與「生」息息相關。由上可知,「天地之道」以「和」爲尙,與萬物之關係,實則爲「道」與萬物關係之一環,「天地之道」亦守「道」之自然無爲。蔡振豐認爲:

> 聖人的神明之功,不是建立在一種境界上,而是他取得一種客觀之道,在同源交感的運化之下,而有道的種種妙用。……在道與萬物的生成問題上,嚴遵並不懷疑他所說「道→德→神明→太和→氣→形」的生成次序,也因此他可以直接由人能掌握的同源、交感,而說人心可以接近於道心,再由人心的道化,去說人之神明可以有道之神明的種種妙用。〔註50〕

蔡氏指出《指歸》神明之功乃是因聖人取得「客觀之道」,即是以實有形態解釋《指歸》之「道」,而不僅只是修養之「境界」或「範式」,與本文立意相近。唯蔡氏忽略《指歸》強調之一體義,化約「神」與「氣」之關係,不承認「氣」亦參與「感應」作用。

　　《指歸》對於「生」爲「實際創生」此點,雖採肯認之態度,在表述上

〔註48〕《指歸》中之「感應」除以「自然」、「無爲」作爲依準,並認爲宇宙天地人物乃一體,既爲一體則動靜相感相應;《指歸》以心身爲喩,闡述此理,其說如下:「一人之身,俱生父母,四支九竅,其職不同,五臟六腑,各有所受。上下不相知,中外不相覩。頭足爲天地,肘膝爲四海,肝膽爲胡越,眉目爲齊楚。若不同生,異軀殊體,動不相因,靜不相待,九天之上,黃泉之下,未足以喩之。然而頭有疾則足不能行,胸中有病則口不能言,心得則耳目聰明、屈伸調利、百節輕便者,以同形也。人主動於邇,則人物應於遠;人物動於此,則天地應於彼。彼我相應,出入無門,往來無戶。天地之間,虛廓之中,邈遠廣大,物類相應,不失毫釐者,同體故也。」(〈不出戶篇〉)《指歸》藉日常實例說明心身一體,以闡述身國一體、天地萬物一體;後二者皆可說是以心身爲喩的推展。

〔註49〕《指歸》指出:「不識元首,不睹根本,誣天誣地,誣人誣鬼,屬辭變意,故謂之辯。抱嫌履疑,順心妄動,尙言美辭,故生不善。何謂不善?動與天逆,靜與地反,言傷人物,默而害鬼,之謂不善。」(〈信言不美篇〉)唯不識自然無爲之理者,以己心測度爲文,以爲天地有心有爲,實爲對天地之誣陷。

〔註50〕氏著〈嚴遵、河上公、王弼三家《老子》注的詮釋方法及其對道的理解〉(《文史哲學報》第52期,2000年6月),頁115。

卻不甚清晰，直至《指歸》描述於「和」與萬物之間的關係，此義方最爲明顯可見。因「和」爲「天地之道」所尚，天地開分後緊接著便是萬物生成，在表達「實際創生」此點上，採取相當細膩的敘述筆法，前文已述，遂不多言。「和」與「道」具有連續關係，「不生之生」如何能是「實際創生」，與「道」密切攸關。絕對虛無之「道」除具有「形式因」之外，藉「自然」、「無爲」表現「動力因」、「終成因」，〔註51〕最特別的是在「形式因」與「動力因」運作之時，此二者竟能連帶生出「質料因」，《指歸》認爲此乃有性之逐步呈顯，是自然而然的表現；「自然」、「無爲」亦即是「不生之生」，因「不無不有，乃生無有」之故。「太和」中之「清」、「濁」乃有性之呈顯，實已具備物質意味，因此清濁更進一步則成天地，天地開分後，更具物質意味的陰陽之氣流行其間，萬物成形。「和」在清濁中央，守自然無爲之故，清濁方得成爲天地，有性更進一步呈顯；依此類推，萬物有形變聲色亦是有性之逐步呈顯。簡言之，「道」以「自然」之心，透過「無爲」，向下生出「德」（一）、「神明」（二）、「太和」（三），此三者均守自然無爲，均守「道」而能向下生之，並於向下生之過程中逐漸帶出物質義；其中，「三生萬物」之際，《指歸》之述較爲詳細，因「太和」守「無爲」，從而天地開分，萬物方生。〔註52〕《指歸》在敘

〔註51〕「終成因」（final cause），或譯之爲「目的因」：本文統一採用「終成因」此譯。牟宗三對此二譯詞之用有一體會，認爲：「從中庸易傳的立場，『目的因』也可以名之曰『終成因』。『終成因』形而上學的意味重，或說宇宙論的意味重更好。『目的因』則是道德意義的，比較是從人事方面顯。」（氏著《四因說演講錄》，頁34。）牟氏於是書中以四因說論儒家時曾並用目的因、終成因二詞，而於論道家人事方面僅用「目的因」一詞（如前揭書頁60、83、87）；本文此處不採「目的因」此通譯，因道家無心無爲思想無所謂目的不目的，爲免詞語上產生不必要之誤會，故資取牟氏以四因說論儒家時所用之「終成因」一譯之體會以爲用。《指歸》與《中庸》、《易傳》皆從「生」字立說，皆有別於亞氏從「存在」（to be）上立說，因此《指歸》於人事方面所指之「目的因」，亦可如立場相同之《中庸》、《易傳》，名之曰「終成因」。

〔註52〕此處有一觀念需要特別澄清，即「道」爲自然無爲而有「不生之生」，故謂自然無爲與「生」密切相關，在上文論述「天地之道」時，亦採同樣論說，對自然無爲之「生」多所強調；然在《指歸》中，「天地之道」與「道」於此方面則有所不同，「天地之道」無爲於「生」之同時，亦無爲於「殺」，且於「天地之道」中，吾人分析地說則另可區別出兩種「生」之義。若藉有性、無性之別探析，陽氣爲有性更進一步之呈顯，刑德中之德（生）乃應隸屬於有性之下（其雖亦具無性，然因其無性之薄而未能特顯無性之玄妙），與形上位階之「德」有異，亦與「太和」之「不生之生」有別，因此二者皆隸屬於無性（二者雖亦帶有有性，有性微薄，故無性玄妙能運）；換言之，「天地之道」

述形上世界各位階與萬物之關係上，有其相類之處，乃因皆依準道家「自然」、「無爲」之說，闡述相互之關係。〔註53〕《指歸》意在強調「一體」，「道」、「德」、「神明」、「太和」，實乃一脈相承。

2. 從體道者角度進行「太和」與「無為」之連結

萬物形軀雖由氣組成，其死生乃依準於「神明」、「太和」。「太和」爲「存者」、「動成成者」，使萬物得以生成，而「神明」爲「生者」、「造存存者」，使「太和」得以存在，是創造生命者；〔註54〕「神明」與「太和」對萬物之生有相當直接之關係，二者具有何種關係，值得吾人細思。在《指歸》之中，「神明」常與「自然」相連，此點上文已述，而「太和」則常與「無爲」相連，若以心身爲喻，《指歸》似有神明爲心、太和爲身，猶若自然爲心、無爲爲身之義，故「神明」、「太和」在《指歸》中常分別與「自然」、「無爲」相連。《指歸》中有此現象，或與其從體道者思量宇宙構成有關。在「道」與體道者可做心身之喻、心身之別的情形下，體道者作爲萬物中體道的表現，將其心身結構反映於宇宙結構之上，即將體道者其心所體之「自然」與「神明」

之「生」可區分爲「不生之生」與「刑德生殺」之「生」，其中與「道」最爲相應者爲「不生之生」，「刑德生殺」亦需依準於「不生之生」。順此，「天心」、「道心」之別亦明顯可見：「天心」以「不生之生」生物之外，亦依準自然無爲有刑德生殺（萬物自取而自賞自刑，並非「天心」有意爲之，其「刑德生殺」之語乃從萬物自身利害立說，並非「天心」操刑德二柄有意生殺萬物），故有「取捨合乎天心」（〈上德不德篇〉）之語；而「道心」則直指原則性的總綱──「自然」，《指歸》仍是以「不生之生」作爲依歸。

〔註53〕舉例來説，「道德至靈而神明賓，神明至無而太和臣。清濁太和，至柔無形，包裹天地，含囊陰陽，經紀萬物，無不維綱。或在宇外，或處天內，人物借之而生，莫有見聞。毳不足以爲號，弱不足以爲名，聖人以意存之物也。故字曰至柔，名曰無形。是以，無形之物，不以堅堅，不以壯壯，故能弊天地，銷銅鐵，風馳電騁，經極日月，周流上下，過飄歷忽，安固翱翔，淪於無物。」（〈至柔篇〉）《指歸》先提出一總領之語：「道德至靈而神明賓，神明至無而太和臣」，接著論述「太和」何以爲「至柔」、「無形」，最後以「無形之物」說明「太和」具有「道德」、「神明」般之神妙。《指歸》論述形上諸位階時，以自然無爲爲主線，以有無本末爲輔助，說明形上義理與形下事物之關係，故對形上諸位階之闡釋，有其相類處，意在以此知彼。
如：「道以無有之形、無狀之容，開虛無，導神通，天地和，陰陽寧。調四時，決萬方，殊形異類，皆得以成。變化終始，以無爲爲常。無所愛惡，與物大同。群類應之，各得所行。」（〈萬物之奧篇〉）即與上述之「清濁太和，至柔無形」一段，闡述有其相類之處，皆以自然無爲爲主線之故。

〔註54〕關於「太和」爲「存者」、「動成成者」，「神明」爲「生者」、「造存存者」之原文，可參見第二章第二節〈「氣」範圍的界定〉之表格。

做一連結，體道者其身所爲之「無爲」則與「和」相連。《指歸》認爲「無爲者，道之身體而天地之始也」，皆是立足於體道者觀點對無形世界進行論說，其「心身之喻」的運用，吾人可以下表明之：〔註55〕

【心】	【身】
道心	道身
自然	無爲
神明	和

　　《指歸》認爲「神明」乃「存物物存，去物物亡」（〈道生一篇〉），「神明」去留使物有死生。「神明」妙物，「和」運陰陽以爲輔（「和者，……神明之輔」），萬物得生命與形軀；「神明」離物，則萬物失生命而形軀消亡。「神明」守「道」，實兼具「自然」、「無爲」，《指歸》卻常凸顯其「自然」此一面向，究其實，乃因《指歸》強調「神明」、「和」之間的聯繫關係，將「自然」、「無爲」進行暫時性的比配，吾人可見《指歸》仍是偏從「人」立說而非偏於「天」立論。由上可知，「和」守「道」，兼具「自然」、「無爲」，《指歸》凸顯其「無爲」此面向，將原本可用「和者，天地之始也」表達的，綜合敘述爲「無爲者，道之身體而天地之始也」，強調「神明」與「和」之關係中，可作爲修養主體之「神明」，藉「無爲」（道之身）與「自然」（道之心）進行連結，爲人之成聖與聖人治國埋下理論伏筆。〔註56〕

　　「道」本無心身可言，此乃人以自身爲尺度論「道」而有，非意圖指陳

〔註55〕此表僅用於表示「比附」，如【自然──無爲】可與【道心──道身】比附，至於在《指歸》中應爲何種比附關係，需依文本脈絡而定。爲避免誤解，此表中有一種比附關係是不能成立的，即不可以【神明──和】比附【道心──道身】，因「道」、「神明」、「和」皆爲無形世界之義理內容，有上下隸屬關係，若進行比附則混漫義理分際。另外，「和」守「無爲」，乃「自然」之府宅，於此表中亦可得解：以【神明──太和】、【自然──無爲】同時比附【心──身】，「太和」與「無爲」、「身」相連結，「神明」與「自然」、「心」相連結，心以身爲府，故《指歸》謂「和者，……神明之輔，……自然之府」。

〔註56〕舉例來說，《指歸》有云：「無爲微妙，周以密矣；滑淖安靜，無不制矣；……故曰：有爲之元，萬事之母也。聖人得之，與物反矣。……非時不動，非和不然，國家長久，終身無患。」此處仍是將「無爲」與「和」、「身」做連結，不同的是，「無爲」於此並非是「天地之始」而是「萬事之母」，然同樣是表示「不生之生」之義。「無爲」作爲體道者之身，「非和不然」，能無爲而無不爲，治國長久而身無患；將原本的「和」可與「自然」、「無爲」相連，轉而只凸顯與「無爲」相連，其用意即在保留「自然」，以與「神明」相連結。

有一具體之人格神之存在，而意在表明《指歸》深幽義理；若「道」可以心身爲喻，人心應從道心之自然、人身應從道身之無爲，形上本體即應然之理，爲人於人間世之行爲依歸，所行所爲皆應符合「自然」、「無爲」。從體道者角度所進行之比配連結，實以「神明」爲一縮合中心：「神明」既爲形上位階之一，又可爲個人修養主體。此處比配連結皆是爲了圓成體道者之神明與道相入之說，《指歸》對主體修養之重視，可見一斑。「神明——太和」關係比配「自然——無爲」關係，乃是由人己身出發的。《指歸》先確立人己身上有「心——身」兩部分，爲之尋找形上來源「神明——太和」後，再賦予形上來源更高一層的意義；此更高層之意義，即爲吾人修養之究竟，亦即「道」。吾人入道，可藉有無二者之反覆往來入道，藉玄以入玄冥；此即吾人修德之因。

　　《指歸》形上諸位階可還原至其自身視野之出發點——人身，故曰「道在於身，不在於野，化自於我，不由於彼」(〈大成若缺篇〉)，「道」本內在於身，非是孤懸高掛於宇宙之外，修養之動力實在人身上，此即《指歸》反省能見視野後所得之哲思視野之基礎：「道在於身」爲一眞確之事，「道」並非如西方哲學爲一本體之預設。嚴遵注《老》，其思維起點在於「人」而非「道」，如同《莊子》就人生在世直接立言發論一樣；因此，與《莊子》思路較接近之《指歸》，往往呈現解《老》卻歸《莊》之現象，充滿莊學氣息。〔註57〕

　　吾人以爲，《指歸》之難讀，在於其將修養主體所得之體悟與具客觀性之形上諸位階，進行一交融式之表述，觀念叢過於密集，乍讀之下，難循義軌；如掌握《指歸》此比配之特色，以體道之心觀《指歸》之書，主線得明，義軌得顯。

二、自生：自然之生的發用

　　由於「自生」之義，乃《指歸》義理之綜合表現，故以下先將上文《指歸》形上義理綜合述說，再進行「自生」之析論，以利後文之理解。

　　《指歸》認爲：萬物爲「成者」，「太和」爲「動成成者」、「存者」、「太

〔註57〕陳師麗桂認爲，「嚴遵是偏好《莊子》，也妙體《莊子》思想神髓的。他以這樣的條件去注解《老子》，大大豐富了《老子》『聖人』的性格內涵，使其表現出與《莊子》的理想人物酷似的氣質。儘管書中的『莊子曰』只是嚴遵自稱，非指莊周，其理論卻透出濃厚的《莊子》氣味。」(頁144)，又云：「嚴遵以卜爲業，自然是深通《周易》的，他以指歸解老，情志卻類莊周，又多擷莊以解老，是會通三玄的大學者。」(參見氏著《老子指歸》的聖人論〉，頁145。)

和」以其虛無，以「和」之動（守和所成之和氣）成就萬物；「神明」爲「造存存者」、「生者」，以其虛無造就存在，「神明」所至之處，萬物即有生機存在，「神明」使「太和」得以存在，爲萬物之生機，「生者」使「存者」、「成者」皆得以存在而生。《指歸》義理中，「神明」具有「生息不衰」〔註58〕之力量，「生生存存」，〔註59〕使生存者得以生存，基本上，已具有相近於《易傳》「生生不息」之「誠」的意義；然《指歸》發揮「無爲」之思想，認爲「神明」並無意於「生」，「生生不息」並非「神明」全部內容，而是自然無爲下之表現。《指歸》「神明」之義，如執實爲一人格神，其理論地位可與董仲舒《春秋繁露》中之「天」相當，但《指歸》形上義理不只不願停滯於官方學說之中，其最高義理亦不與《春秋繁露》同在一理論高度上；《指歸》在保留「生」的功能性之餘，不認爲「神明」之義能爲道家自然無爲思想之眞諦，故於「神明」之上，尤有更精義者以其獨到處超越自身學說之「神明」義，進而超越當代之說。《指歸》之「神明」實已足以居本體論之位，然尤以「道」、「德」居於其上，將「神明」猶有之氣概念褪去，以一湛然獨立之「道」，挺立其義理間架。

《指歸》指出：「德」爲「始生生者」、「然者」，因其虛無，在宇宙生成的時間序列中，推動了生成序列（亦使時間序列有其始端），使「神明」在序列中可以是「生者」而「生生存存」，故稱「德」爲所以然之「然者」；「德」已甚爲虛無，爲「無終無始」，〔註60〕超越於時間序列之上，故能以其優位性推動時間序列與生成序列（「神明」爲生成序列之首，故爲「生者」），然就其推動生成序列而言，「德」仍舊有徹向性，亦即仍帶有某種「有性」，依《指歸》「無之又無」的思維，「德」仍非究竟。《指歸》認爲，「道」是「始然然者」、「然然者」，係「然者」的根據，且爲一切之最終根據，並無任何其他他者能復爲「道」之根據；何以「道」可爲一切之最終根據，使無窮後退之序

〔註58〕〈道生一篇〉有云：「一以虛，故能生二。二物並興，妙妙纖微，生生存存。因物（怡蘭本作「無」）變化，滑淖無形。生息不衰，光耀玄冥。無嚮無存，包裹天地，莫覩其元；不可逐以聲，不可迹以形：謂之神明。存物物存，去物物亡，智力不能接而威德不能運者，謂之二。」

〔註59〕同上。

〔註60〕「有物混沌，恍惚居起。輕而不發，重而不止，陽而無表，陰而無裏。既無上下，又無左右，通達無境，爲道綱紀。懷壤空虛，包裹未有，無形無名，芒芒澒澒，混混沌沌，冥冥不可稽之，亡於聲色，莫之與比。……潢然大同，無終無始，萬物之廬，爲太初首者，故謂之一。」（〈道生一篇〉）

列得以停止？其因即在於「道」本身即爲「自然」，無須他然，「道」自本自根，爲絕對虛無者，無性豐極，不帶有性、徼向性。「道」爲「無無無之無」，《指歸》以之爲「無之又無」思維的結穴，然或可致問曰：「道」爲自然、無爲，既「無爲」又何以能推動「推動生成序列者」？《指歸》藉由「自然」提出解答：「自然」爲「不無不有，乃生無有」，是無掉任何有性之後，同時超越無性之思辨工具義而不滯於無中，使「道」本身即是雙重否定，而此雙重否定並非思辨邏輯中的矛盾，而是消融殆盡的「無之又無」思維的極致表現，不困於入手的工具之中；「道」乃「不無不有」，因此能推動「推動生成序列者」，「道」之化使近於「道」而無性甚豐之「德」，萌生有性、徼向性，故曰「乃生無有」。另外，「德」爲形上位階中同時具無性與有性之位階最高者，有無反覆而成之「玄」，遂與「德」得以進行連結，而「玄德」超越於時間序列之上，「時」之變化即需以「玄」、以「德」方能掌握，故對人來說，能趨福避禍。因此，在《指歸》之中，「福」與「德」進行了連結，並認爲人之「命」乃受於「德」而有「天命」之不同。〔註61〕「道」與「德」在《指歸》中時常連用，其連用之意義，留待之後章節說明。

以上義理既明，對於《指歸》「自生」觀念方能有更貼近之理解。下文即依《指歸》最高義理而分判出《指歸》中之兩層自生說：「不生之生」下之「自生」、「萬物自取」下之「自生」；以下依次論說。

（一）「不生之生」與「自生」

前文有云，《指歸》論客觀宇宙生成之時，同時將價值結合起來論述，並強調無對生的重要性，故其宇宙生成論不僅側重於客觀之結構，「自然」之「不無不有，乃生無有」的「生」，除爲客觀實有創生（物理天地）外，同時兼攝價值創生（價值天地）與作用的保存；此即爲《指歸》「不生之生」之義。《指歸》由「自然」、「無爲」論「不生之生」，更進一步則言「自生」；《指歸》有云：

> 道德不爲智巧，故能陶冶天地，造化陰陽，而天地不能欺也。天地不爲知巧，故能含吐變化，殺生群類，而萬物不能逃也。……道之所生，天之所興。始始於不始，生生於不生。存存於不存，亡亡於不亡。凡此數者，自然之驗、變化之常也。（〈行於大道篇〉）

〔註61〕「所授於德，富貴貧賤，夭壽苦樂，有宜不宜，謂之天命。」（〈道生篇〉）此「天命」意指貴賤夭壽等，而非〈中庸〉「天命之謂性」之義。

「道」為「然然者」、「始然然者」，不為他然，而為自然；「自然」、「無為」
為「道」之心、身，同體而發，因其無徽向性而無所不包、無所不容。「道」
之為化即在於從無所不有中萌生徽向性，一有徽向性即有異於「道」，而此徽
向性可使無所不有呈顯一劃限。道德因其虛無而能造化天地萬物，此即「生
生於不生」；另外，從天地藉氣「含吐變化」生成萬物，亦可知：「不生之生」
確實具有實質創生義。〔註62〕在《指歸》中，「道」之「不無不有，乃生無有」
使「德」此「然者」得以為「然者」，接著《指歸》在對「生」進行闡說時，
較側重於「德」來進行解說：

> 無無之無，始始之始，……萬物以然，無有形兆，窅然獨存，玄妙
> 獨處。……陶冶神明，不與之同，造化天地，不與之處。……潢爾
> 舒與，皓然銲生，銲生而不與之變化，變化而不與之俱生。不生也
> 而物自生，不為也而物自成。天地之外，毫釐之內，稟氣不同，殊
> 形異類，皆得一之一以生，盡得一之化以成。故一者，萬物之所導
> 而變化之至要也，萬方之準繩而百變之權量也。（〈得一篇〉）

「德」推動生成序列，「皓然銲生」（廣博續生），〔註63〕卻又不與所生同處，

〔註62〕前文嘗云金春峰「道為範型」說並不諦當，下文討論可為佐證。《指歸》有云：
「道德不生萬物，而萬物自生焉；天地不含群類，而群類自託焉；自然之物不
求為王，而物自王焉。……體道合和，無以為為，而物自為之化。」（〈江海篇〉）
此處之「不生」並非否定道德天地實質之創生，而是以其無心於「生」說之，
不執著於「生」之上，以「道」之雙遣雙非消融辯證生「德」，以「德」之有無
反覆變化向下生出餘者，天地依準道德、無心無為於「生」，此即「不生之生」
義。《指歸》之「道」並非僅有客觀義、法則義，同時其有實體性、能生性，「道
生」之「生」所具有的實質創生義，便不應輕易刊落之。若刊落「道生」之「生」
的實質創生義，是否天地之「生」亦應刊落之；若不刊落天地之「生」的實質
創生義，而僅刊落「道生」之「生」，「不生之生」便非僅能以單一義理疏通之，
而勢必將形成兩層不生之生論：作用層之不生之生、實有層之不生之生。然放
諸《指歸》一書所強調的連通一體、有無相生、有生於無，此兩層不生之生論
無法與《指歸》大義彌合，因作用層僅能「作用」於實有層上，猶若理氣之判
然二分、以理運氣，實無《指歸》所重視的連通一體之義，故不取之。
究其實，乃因《指歸》之氣概念異於諸家，乃是藉有性而逐步呈顯，並非一
開始即出現元氣（元氣乃需透過分化過程，分化為陰陽二氣，方能實質地生
物，此時元氣之上的「道」只是實現地生，作用於元氣上，令元氣可以實質
地生物，而非「道」實質地生出元氣或萬物）。《指歸》之「道」是萬物存在
的最後根據，除是實現之理外，同時其亦具實體性、能生性，亦有創生之理，
藉有性之逐步呈顯為說，使形上諸位階連通一體，故無兩層不生之生論。

〔註63〕「德」之推動是接續不斷的，並非如亞理斯多德的「第一因」只做一次象徵

萬物因之而成其自己。「德」無意無執於「生」、「爲」，順其自然地推動生成序列，天地萬物皆因「德」而生成，故爲「萬物之所導」；「德」超越於時間序列之上，不隨他者變化，「玄妙獨處」，故爲「變化之至要」。於「不生之生」下所言之「自生」，是指「萬物以然」，萬物因「德」而成其自己，萬物實有所因憑而能生；「德」推動生成序列後，便不去掌握、控制生成序列的後續發展，因此不與神明、天地等同處，而讓所生者自行生成變化，於此意義下而曰「物自生」。「道」開導「德」使其成爲自己，「德」因而能使生成序列得以開始。因此，陰陽、山川、消息、虛實皆受「道」、「德」之導引而後「自起」、「自正」，〔註64〕先是展現生機，接著爲「天地之道」之「各正性命」：「天地之道，不利不害，無爲是守，大通和正，順物深厚，不虛一物，不主一所，各正性命，物自然矣。」（〈天之道篇〉）「各正性命」之「性」乃「所稟於道」，此「命」爲「天命」，乃「所受於德」，自正性命亦即依準自然無爲而自生自長。「自生」內容之展開爲「自起」、「自正」，渾而言之即爲「自生」。吾人可歸結「不生之生」下之「自生」內容爲【自生：自起→自正】。「不生之生」下之「自生」中，「自起」依憑於道德推動生成序列下之「不生之生」，「自正」依憑於「天地之道」下之「不生之生」。二者皆爲「不生之生」，標明有此二過程段落，乃爲分別下文「天地之道」下另有「萬物自取」之「自生」。

需注意的是，「不生之生」下之「自生」，賴道德推動生成序列作爲始端，其「自生」是在以「道」爲本體的基礎下所論，主張現象界背後有一虛無的形上根源，與郭象所言之「自生」有異。郭象所說的「無」係「nothing」，「郭象認爲物之生是物自生，不因他生，並沒有另外的主宰者，也沒來由，亦無背後的根據」，〔註65〕郭象使形上根據徹底地回歸到主體上，就著物本身討論「自生」，爲其特出之處。《指歸》「不生之生」下之「自生」，仍屬本體宇宙論下之產物，以「自然」之生生成萬物，萬物中含有與之相同之本質，與神明、天地一般需受道、德之推動外，其後之生長變化全因於自身之本質，而

性的推動，而是銲生不已的。

〔註64〕「昔之得一者，天之性得一之清，而天之所爲非清也。……是以陰陽自起，變化自正。……地之性得一之寧，而地之所爲非寧也。……是以山川自起，剛柔自正。……神之性得一之靈，而神之所爲非靈也。……是以消息自起，存亡自正。……谷之性得一以盈，而谷之所爲非盈也。……是以虛實自起，盛衰自正。……侯王之性得一之正，而侯王之所爲非正也。……是以和平自起，萬物自正。故能體道合德，與天同則。」（〈得一篇〉）

〔註65〕莊師耀郎《郭象玄學》（臺北：里仁，1998年3月），頁283。

無他者爲之操宰，更無如《春秋繁露》中之人格神以其意志操刑德二柄、生殺萬物。

（二）「萬物自取」與「自生」

綰合前文之義理，「德」造化天地後卻不與天地同處，「和」卻仍與天地同處而爲「天心」、「天地之道」所尚。《指歸》有云：

> 夫天地之道，一陰一陽，……陽氣主德，陰氣主刑，覆載群類，含吐異方。玄默無私，正直以公，不以生爲巧，不以殺爲功。因應萬物，不敢獨行，吉之與吉，兇之與兇。損損益益，殺殺生生，爲善者自賞，造惡者自刑。故無爲而物自生，無爲而物自亡，……不求而物自得，不拘而物自從，無察而物自顯，無問而物自情。（〈勇敢篇〉）

> 天地之道，生殺之理，無去無就，無奪無與，無爲爲之，自然而已。正直若繩，平易如水，因應效象，與物俱起。損益取舍，與事終始，深淺輕重，萬物自取。殊形異類，各反其所。（同上）

就「天地之道」自身的角度來說，「和」守「無爲」，乃「自然」之府宅，「不主一所」，以「不生之生」生化萬物，且「無去無就，無奪無與」於萬物，故謂之「不與不取」、「不利不害」；若就萬物的角度來說，此「天地之道」亦是「生殺之理」，生殺乃依準自然無爲而萬物自賞自刑的，並非「天地之道」有意爲之，乃「萬物自取」。由於「天地之道」生物之後，又「因應萬物，不敢獨行」、「因應效象，與物俱起」，與天地萬物同處；萬物一切所爲而有何變化，均是萬物自爲自化，其自化內容或可區分爲二：「自生」、「自亡」。萬物之所以自化內容可容區分，乃因萬物資取「天地之道」爲依準，合者則生，不合者則亡；從此角度說「天地之道」爲「生殺之理」，而非「天地之道」有心有爲於操陰陽二氣以行生殺。「天地之道」以「不生之生」生化萬物之後，其無心無爲而萬物自生自亡，皆因「天地之道」與萬物同處而萬物自取自賞自刑之故；「陽氣主德，陰氣主刑」乃依萬物之觀感而說之，並非陰陽二氣有心有意於「主」刑德生殺，而是萬物依「天地之道」而自變自化。

結合「不生之生」下之「自生」來看，道德推動生成序列後，神明、太和等自起、自正，皆能自生，且能依準自然無爲而向下生（亦是「不生之生」），所生者亦是自起自正之自生。萬物先在「不生之生」下得以自起自正，此自生乃是在本體宇宙論下生之必然，然而此生之必然於萬物之主體中有其限

制，《指歸》謂之「天命」，〔註66〕主體若守自然無爲自可盡其天命；〔註67〕若是主體有所作爲而有取捨去就，吉凶禍福來至，則謂之「隨命」，〔註68〕此吉凶禍福皆主體自取而來，〔註69〕「天地之道」只是「因應萬物」、「吉之與吉，兇之與兇」，而此時萬物之生乃繫於萬物主體之所爲，並非本體宇宙論下生之必然，此亦彰顯萬物之主體自決義與能動義。由上可知：唯萬物兼備兩層「自生」說，形上諸位階均爲一層「自生」說。

　　本文將兩層「自生」說，圖示如下：

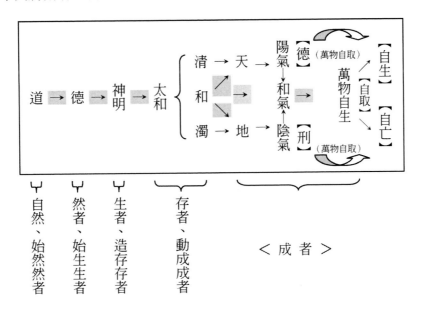

　　由於萬物兼備兩層「自生」說者，因此「受命於神」、「根繫於一」的「太和」，即位居兩層「自生」論之關鍵位置：（一）「不生之生」下之「自生」，乃【自起→自正】，是「生生於不生」之表現，「道」生「德」，「德」生「神明」，「神明」推動時間序列之始生，而後「太和」生萬物，由萬物自行完成

〔註66〕〈道生篇〉有云：「所授於德，富貴貧賤，夭壽苦樂，有宜不宜，謂之天命。」
〔註67〕〈知不知篇〉有云：「民俯而無放，仰而無效，敦愨忠正，各守醇性，惆惆洋洋，皆終天命。」
〔註68〕〈道生篇〉有云：「萬物陳列，吾將有事，舉錯廢置，取舍去就，吉兇來，禍福至，謂之隨命。」
〔註69〕除此之外，亦有吉凶禍福非主體自取而來者，《指歸》謂之「遭命」。「遭遇君父，天地之動，逆順昌衰，存亡及我，謂之遭命。」（〈道生篇〉）此乃取決於他者之變化，爲主體於他者所形成的互動脈絡網下之牽制，爲全體之遭遇，亦爲全體所必須共同承擔；如以佛教語來說，相當於「共業」之意。

其後之生成；（二）「萬物自取」下之「自生」，乃【自起→自取→自正】，是萬物必須爲自己的作爲承擔責任，「太和」之「清、濁、和」在分立之餘，以「和」爲尙，同時令萬物有不生之生外的萬物之取的生，得之曰「萬物自取下之自生」，故曰「伺命在我，何求於天？」（〈民不畏威篇〉）

「有」、「無」觀念貫串《指歸》一書，嚴遵藉「有生於無」、「有無相生」搭建起其形上學，「道」爲「無無無之無」，以有無見道，而不以陰陽窺道，將陰陽觀念依附於氣上，詮釋《易傳》「一陰一陽之謂道」爲「天之道」，陰陽活躍於天地之中，含囊於太和之中，陰陽觀念背後實以有無觀念爲詮釋主軸，陰陽是有性增進後的出現，繫屬於有性之下。形上各位階幾乎皆有無性與有性，唯最高之理的「道」僅具無性，爲絕對虛無，然「道」具實體義，「無性」具屬性義，就存在來說，仍是最低限度的有，無性亦可說是「無有之有」。體現無性者皆無心、無意、無私、無爲，如道德、天地，有無相生，爾後形下萬物自生自起，在氣化連通中，與道德、天地等有感應關係，一體相通之故。「不無不有，乃生無有」，乃欲破除正面說無和有所帶來的執著，有執則未能眞正體現無性之義，亦只是智知。道德以「不生」而「生」出生命，故謂之「不生之生」，其以不執爲生，同時兼具實質創生與實現之生兩種意義，而非僅有「不禁其性」、「達自然之性，暢萬物之情」〔註70〕的實現之生。

嚴遵形上學內容，消化秦漢道家學說，使漢代流行之陰陽五行不爲主導地位，同時「無無無之無」自然、無爲，萬物自生，與漢代「天人感應」說之意志天與「人副天數」明顯大異其趣，從而引發揚雄、王充對天另一番思考，對於當時氣化思想瀰漫的各界而言，確爲一大突破。《指歸》之本體論雖業已確立，然著墨較少，對現實生活之關懷爲多，且援《易》入「玄」，豐富「玄」之意涵，這些貢獻皆爲後來的魏晉玄學作了試探性的開展。嚴遵承先啓後之地位，不言可喻。有學者云，嚴遵「自生」說影響郭象「自生」之說，〔註71〕嚴遵時代較郭象爲早，郭象聞其說不無可能，然兩人討論自生之論據實有所異，仍需別之。

〔註70〕王弼語（樓宇烈校釋《王弼集校釋》，臺北：華正書局，1992 年 11 月初版，頁 77），此爲牟宗三講述「實現之理」經典之例，認爲道家之生是讓開一步、不去執著，「不塞其源」，萬物自會實現自身之性；其中並無實質創生。

〔註71〕王德有〈嚴遵與王充、王弼、郭象之學源流〉（《道家文化研究（八）》，上海：古籍，1995 年 11 月），頁 266～276。

第四節　結語：兼論「道德」連用

在《老子》中，從「道生一」（四十二章）一語，可知「道」與「一」有意思上之不同；在《莊子》中，卻常常以「一」稱「道」；在《淮南子》中，引《老子》四十二章卻無「道生一」一語，而引爲「故日，一生二，二生三，三生萬物」，亦是將「一」與「道」視爲相同。至於在《指歸》中，「道」、「一」（德）有別，可由「無無無之無」、「無無之無」此處可以確定，與《老子》用二字以別之相同；然《指歸》常將「道德」連用，將「德」視爲「道」自身內容之開展，卻與《莊子》、《淮南子》有異曲同工之妙。

在《老子》一書中，「道」、「德」全無連用之處；然在《指歸》中，「道」、「德」常相提連用，如：「道德之化，變動虛玄」（〈爲學日益篇〉）、「道德無形而王萬天者，無心之心存也」（〈聖人無常心篇〉）、「道德之情，正信爲常」（〈以正治國篇〉）、「道德變化，無所不生」（〈以正治國篇〉）、「道德不生萬物，而萬物自生焉」（〈江海篇〉）、「道德之教，自然是也」（〈知不知篇〉）；另外，〈得一篇〉又有「因道而動，循一而行」、「一爲綱紀，道爲楨榦」等。「道」、「德」連用此現象，值得吾人留意與探討。

一、本體宇宙論之開展

「道」爲絕對虛無，絕對虛無如何生出萬物群有呢？《指歸》可以「無之又無」的方式云「道」爲「絕對虛無」，確立其本體論，然此方式較不易說明宇宙如何生成變化。《指歸》之宇宙生成由銲生不已的「德」推動「神明」開始，時間性由「神明」已降始有，氣概念亦自「神明」而始有、漸濃，物質性概念落於時空中而與全然無氣概念之「道」、「德」有別。「太和」含囊陰陽、「神明」含囊清濁，清濁、陰陽爲有性之推進變化，「德」之有性不顯物質性，其有性乃「道」之「動」，此動爲「道」開採、運用自身無限豐富之內容，亦即「道化」。《指歸》宇宙論雖有生成結構、階段的展示，然對於階段間變遷之說明未多加著墨。吾人可藉「道德」連用之義與「有無反覆往來謂之玄」，展開其何以能「生」之由。

（一）以「無」為本

絕對虛無之「道」，無性豐富，形上諸位階之所以爲形上者，乃因其無性亦豐，而與形下者有別。形上與形下之別在於「形」之有無，然二者實爲一

體，彼此相連。大道含具純粹之無性，「道」動而生出「有」（有性），「德」已降乃有「有性」之推進，有性「始」生於無性，此爲「以無爲本」義之一。德、神明、太和、萬物，身上皆具有無二性，於此體中亦以無性統攝有性，此爲「以無爲本」義之二。形下者（「有」）因於形上者（將道、德、神明、太和，統稱爲「無」）而生成，此爲「以無爲本」義之三。宇宙萬物之存在，乃因大道之存；無大道之存，德、神明、太和亦不復存，遑論萬物。大道爲一切之根本，自本自根，獨立湛存，不待他然。以充滿無性之絕對虛無爲大道內容，對一切存在之根據有一說明，本體得立。「道」爲萬物存在之根據，萬物之生均以「道」爲根據；「道」爲絕對虛無，萬物內具之「無性」即萬物賴以維生者，故需持之、保之，得以續生。聖人理國亦同於修身，以「無」爲本，居於玄教「無」之面向上；玄教之本既安，同體之餘者亦各安其分。

（二）以「有」彰顯宇宙生化

本體既立，《指歸》亦需合理說明宇宙生成與結構。《指歸》以大道之「自然」爲「不無不有，乃生無有」，引介「德」於「道化」中，將有性初步之呈顯，視爲大道之動。「道」與「德」有動靜之別，內容幾無異，然「德」之銉生不已使其下之宇宙論，得以順理成章地開展。「德」之有性乃「道」之動，《指歸》「道德」連用實乃本體宇宙論式的講法，藉「生」表達本體之內容。「德」實爲「道」內容之體現，爲一自然而然流洩之體現，「自然」一語實隱含「道」生「德」之義。分別而粗略地說，「道」爲本體論、「德」爲宇宙論；整體地說「自然」（道德連用）即爲本體宇宙論。

「神明」之有性則出現物質性概念，氣概念始出而未濃（含囊清濁）；「神明」與「道德」接近，於時間序列中將創生萬物之「生」具體落實。「太和」之有性，藉清濁表現，然統攝於「和」（無性之表徵，非物質性概念）下；「太和」之氣概念更爲濃郁，清濁化爲天地，此時之天地乃「有形有聲而使萬物自然者」，爲「物之大者」，始進入「形」之範疇。天地開分後，天地始出陰陽二氣，「氣」於天地中流行，爾後生成有形之萬物群類（萬有）。萬有之「性」殊異，乃有性漸增後於具體事物上所顯之個別性與特殊性。

《指歸》不言「元氣」，即因「元氣」（混沌未分之實有）與「絕對虛無」二觀念，無法相接相容。《指歸》以「無之又無」立其本體後，旋即以「無、有」之推移，說明宇宙何以生成變化，以「有性」之逐步特殊化爲宇宙生化之說明。

（三）有無相即不離

「道德」連用與「自然」之義，使得絕對虛無體現自身有一必然性；「不無不有，乃生無有」是自然、自己如此，上德是大道動化之體現，二者相即不離。「道德」連用表現了「道」之絕對虛無必然開導出「有性」來，《指歸》本體宇宙論的意義易於此中彰顯。至於在「德」、「神明」、「太和」、萬物中，有無二性亦皆同時存在於自身上；由於「道」無所不在，無處不有「無性」存在，因此世上並不存在一僅具有性而不具無性者。上述有性漸增而有的清濁陰陽等，其中亦皆有無性存於其中。

「有性」自「德」以降，逐步呈顯，其功能在展現大道之豐富內容，其弊在特殊化大道內容後可能產生之僵化。欲除卻有性可能帶來的僵化之弊，掌握有無相即，甚為重要。舉例來說，萬有之「性」雖呈顯個別性與特殊性，然其「性」並非以「氣」為全部內容，有無二性皆內在於其中，以無性統攝有性。「簡情易性」之所以可能，即在於「性」與「道」相應，「性」秉受於「道」；萬有之「性」並非以「氣」為主導，而是以「無性」為最終根據，萬物皆如是（以「無」為本）。至於萬有之「性」有殊異，乃是著眼於「有性」特殊化大道之內容而有差品。

吾人知萬物一同為「真知」，乃著眼於本根之無性上，以有知無，以無應有，方能除卻有性之執，避免落入有性所呈顯之表象中。當此之際，主體即於自身體現「道德」連用之義，「體道抱德」，於入道之餘，且能有應世之恰當表現。

二、「生」之一體

「道」，可用於表明本體之自然無為；【德→神明→太和】此一系列，可用於表明宇宙論鏟生不已的生成。將上述二者縮合起來，【道→德→神明→太和】即表明自然無為於鏟生不已的生成。縮合的關鍵在【道→德】，除使本體論與宇宙論得以接合在一起外，更重要的是，「道」、「德」、「神明」、「太和」四者，其內容皆為本體宇宙論之義。【道→德】之義，即「自然無為於鏟生不已的生成」。《指歸》之「連屬一體」，乃是由此所說下之呈顯：此四者環環相扣，形下萬物亦與之扣合。「形」之有無，只是吾人感官功能極限的界線；吾人亦於「一體」之中。「道」本身即是本體宇宙論的表述，因此「道」變成【道→德】實有其內容上之必然性。因此，《指歸》云「神明因於道德，道德因於

自然」（〈道生一篇〉），即以「自然」「不無不有，乃生無有」之義，打開「道」之深義；「道德」連用即意在表達此義，而非「道德」之上猶有「自然」、「自然」生出「道德」。《指歸》有云：

> 道德神明、清濁太和，渾同淪而爲體，萬物以形。形之所託，英英
> 榮榮，不睹其字，號之曰生。生之爲物，不陰不陽，不可揆度，不
> 可測量。深微不足以爲稱，玄妙不足以爲名。光耀恍惚，無有形聲。
> 無狀無象，動靜無方。游於虛寂之野，處於無有之鄉。得之者存，
> 失之者亡。（〈出生入死篇〉）

形上位階四者爲一體，萬物因之而成形。形上「生」形下，《指歸》對此「生」之描述，用語如同「自然」之「不無不有」，爲「不陰不陽」、「動靜無方」。「生」爲萬物形體所託，萬物因之而成形；即形上位階四者之一體，皆在表達此一「生」字。《指歸》認爲：「夫生之於形也，神爲之蔕，精爲之根，營爽爲宮室，九竅爲戶門。聰明爲侯使，情意爲乘輿，魂魄爲左右，血氣爲卒徒」（同上），「生」在有形軀之萬物中，以「精」託「神」（神明），並稱而爲「精神」；其義詳見後文。「生」在「形」中，可以「精神」說之；萬物形軀中所具有的聰明、情意、魂魄、血氣，皆爲生命之用、精神之使。吾人之生命，即以精神之持養爲要；生命乃因於形上者，故精神之保，以之爲法：「游於虛寂之野，處於無有之鄉。得之者存，失之者亡」。

　　無論有形者或無形者，皆以「生」爲其本體宇宙論展開之內容；形上、形下之「一體」，即在彼此建立於「生」此共法上，而得互通聲息。《指歸》銲生不已的生成，不以氣爲主線，非以「氣化分流」爲其宇宙論；以「生」作爲本體宇宙論主軸，藉有無二性推演，方爲《指歸》大義。無論是「道」、「德」、「神明」、「太和」，抑或是聖人，皆意在自然無爲於銲生不已的生成；宇宙之創生萬物如此，玄教之開導百姓亦復如此。《指歸》不從「有」說「生」，而以「無」說之；「生」之本爲「無」，「生」之特殊化爲「有」，由「無」至「有」方能展現「生」之本義，有無二者因而相即不離。《指歸》之貴無亦即貴生，以不生之生全其生。生命可貴，遠勝一切名利；妥善處理欲望，不以貪愛爲生，是《指歸》修養論的呼籲。《指歸》之論，心性修養方爲其鋪述多層形上位階（無之又無）之歸趨，意在爲主體修養建構天人之道。人之「體道抱德」，爲《指歸》建構其理論之宗旨，故「神明」含具「道德」連用之義，且可居留於人身，皆爲《指歸》有意識之建構；詳見後文。

　　「道德」連用表達了「自然無爲於銲生不已的生成」，係將道家、儒家思想做一會通之探討。「自然無爲」乃道家思想之核心，「剛健不已」、「不誠無物」爲儒家思想之大義；《指歸》以道家「自然無爲」替代儒家之「剛健」和「誠」，使其生成呈顯柔弱風貌，卻又是「銲生不已」的綿密悠長。《指歸》以「生」作爲儒道二家會通可能之處，將其哲思精義灌注其中；「道德」連用，並非偶然。「道德」連用之義，較《指歸》資取《易傳》「一陰一陽之謂道」所得之「玄」義更爲根本，使之不僅爲模仿《易傳》義理形式而已，亦有新義注於其中，而爲《指歸》之所以爲《指歸》之根由。「生」既爲儒道二家共同交集，「神明」內聖外王之開展，即可沿著「生」逐一落實。

　　在吾人探討《指歸》形上位階中，可能會生此疑問：《老子》「道生一，一生二，二生三」中，三個數字未必有確切之內容，何以《指歸》要用「德」、「神明」、「太和」三名稱謂之？在《指歸》之前，即有將「一」解做「道」之說，如《鶡冠子》稱「道」爲「一」，〔註72〕《文子》甚而將「道」、「德」關係緊密相連；〔註73〕《文子》之說，再進一步，即是將「一」解爲「德」。《指歸》解「一」爲「德」，有道家學術之歷史軌跡可循；然，解「二」、「三」爲「神明」、「太和」，卻純爲《指歸》注《老》的創造性詮釋，爲《指歸》解《老》之特色。杜保瑞認爲，《指歸》在《老子》言「無爲」之義理基礎上進行鋪陳展示，其哲學貢獻在無爲本體論上，但在哲學之整體創造性上則甚無足觀矣。〔註74〕杜氏點出《指歸》言無爲境界爲其大要，然《指歸》之哲學創造性是否只是在《老子》原義基礎上的展示，則可諍議。

〔註72〕《鶡冠子》有云：「空之謂一。無不備之謂道，立之謂氣，通之謂類。」
〔註73〕《文子》有云：「無形者，一之謂也。一者，無心合於天下也。佈德不溉，用之不勤，視之不見，聽之不聞，無形而有形生焉。」(〈道原〉)《文子》以「一」稱「道」之外，《文子‧道德》又云：「物生者，道也；長者，德也」、「夫道者，德之元」、「萬物得之而生，得之而成」，已將道德二者關係緊密相連；「德」所表現之種種長養功能，乃「道」本質之流轉。
〔註74〕「就嚴君平著《老子指歸》之宗旨乃在闡釋無爲境界一事，……就無爲境界之內涵而言在《老子指歸》書中幾乎全篇盡是此旨，其要義仍爲老子之無爲即無私欲義的發揮，無私欲即可運天下，此亦於老子已明，嚴君平不過更加鋪陳展示之而已，故而就哲學研究的創造性要求而言僅是在原義基礎上的展示，故無甚足觀，然就全書而言，在哲學研究上有創造性貢獻的重點乃在無爲本體論的義理建構中，亦即嚴君平談無爲境界的理論特色乃在其對於無爲本體論的理論言說上」。參見氏著〈嚴君平《老子指歸》哲學體系的方法論檢討〉(《哲學與文化》第 330 期，2002 年 10 月)，頁 909。

第四章　修身理國一體說

「身國一體」之說法，漢代思想中已有相關討論，如於《淮南子》中即已得見。由於《指歸》之修身理國一體說，乃是修養論與其政治論之結合，以聖人論綰合之，有聖人爲聖王之意味。《指歸》雖亦重視客觀制度，然觀其整體，聖人方爲道化政治得以實現之根據，因此或多或少帶有以人領政之傾向。以聖人領政治國，自必注意於修養論與政治論之連結；觀其連結之處何在，即可見其所欲得成之道化政治之面貌。

第一節　神明與性論的建構

《指歸》中，「神明」出入形上、形下，且居於人身，使人得以展開內聖、外王二路。神明爲脩身理國一體說之最核心觀念，性、命、情、意、志、欲等皆與之關連；換言之，關於神明之論述方爲《指歸》再三強調的自然虛通，相關性論則落於配套地位。「性」不同而有道人、德人、仁人、義人、禮人，政治領導者因其性而有不同領導作爲與風格，爲修養論與政治論間之中介。在《指歸》中，「心」相對於「身」說，爲一泛說，裝載神明與性等於其中，本身較無實質義理內容，故不論之。

一、神明：修養的主體

《指歸》有云：「二物並興，妙妙纖微，生生存存。因物〔註1〕變化，滑淖

〔註1〕怡蘭本作「無」。

無形。生息不衰，光耀玄冥。無嚮無存，包裹天地，莫覩其元；不可逐以聲，不可逃以形：謂之神明。」（〈道生一篇〉）在形上位階「一」、「二」、「三」中，「一」之內容所指為「德」、「三」之內容所指為「清」、「濁」、「和」，唯獨「二」之內容，《指歸》殘卷中未見明文界說。「神明」之下，所具之「二物」究竟為何，費人疑猜。部分學者認為「神明」為氣，引「神氣相傳」以為證；〔註2〕吾人不欲以「神氣相傳」一語揣測「神明」之內容，除證據薄弱外，其因有三：其一，「神」、「氣」應做二觀念字解，〔註3〕非有一種氣是「神氣」而被稱作「神明」；其二，「神明」為「二物並興」者，吾人無法說明此二物為何；其三，如以「神氣」解「神明」，即又有「神明」是否即「精神」（「精」亦具氣概念）之問題；若二者無別，吾人是否可以推論「二物」所指為「精」與「神」？《指歸》又何不直截以「精神」為「二」之階段名？有鑑於此，下文不以「神氣」為線索，而轉從《指歸》義理與其他章句嘗試探求之。

《指歸》有云：「道德變化，陶冶元首，稟授性命乎太虛之域、玄冥之中，而萬物混沌始焉。神明交，清濁分，太和行乎蕩蕩之野、纖妙之中，而萬物生焉。」（〈不出戶篇〉）值得注意的是「神明交」一詞之用，《指歸》以虛之域為晦暗不明處，〔註4〕認為「神明」乃「生息不衰，光耀玄冥」。「神明」的「生息不衰」，使之展現含具「道德」連用之精義，使虛之域的本體宇宙論落實至宇宙、生命的開展，故曰「光耀玄冥」；此即「神明」其「明」之義。「神」、「明」之交，實是「神明」進一步向下落實本體宇宙論；由此可知，「明」具近似「有性」之特質。《指歸》認為此中「二物並興，妙妙纖微，生生存存」，「神」無疑為此階段中二物之一；另一物當為何，則未見《指歸》與研究之學者說分明。吾人或可以《指歸》義理推之，暫釐訂為「明」；此不僅符合《指歸》逐步展現之理，亦能表現以有無二性說明的一貫性，且與階段名稱相同，無需援引其他觀念字為解，亦有章句上之佐證。《指歸》中在論述義理時，常

〔註2〕 金春峰、王德有均據此立論神明為氣。請參見第二章第二節〈「氣」範圍的界定〉。

〔註3〕 參見第二章第二節〈「氣」範圍的界定〉。

〔註4〕 「大道甚夷，其化無形，若遠而近，若晦而明。」（〈行於大道篇〉）、「（萬物）為不生為，否不生否，明不生明，晦不生晦。不為不否，不明不晦，乃得其紀也。」（〈大成若缺篇〉）、「翱翔玄冥，優游太素，昧昧茫茫，莫知其故，敦若昏晦，天下無事。」（〈為無為篇〉）、「（赤子）及其有知也，去一而之二，去晦而之明。」（〈含德之厚篇〉）《指歸》認為，虛之域大抵可說是若晦而明、不晦不明。離「一」（指無知之樸，非指「德」）往「二」（指走向一般知識之路）者，實乃去「晦」往「明」（此「明」為負面義，非指「神明」）。

以「何以明之」開展其文，其中或有此深意。「神明」爲形上世界其中一階段之名，「二物」之實質內容，可有不同，然皆應合於《指歸》哲思大義。吾人此說雖循《指歸》義理思考而定，然「明」未必然即爲《指歸》殘卷所指「二物」之一。

　　「神明」之「二物」所指雖未能明，然無礙於吾人對「神明」大義之理解。除前文所云「神明」含具「道德」連用之義外，《指歸》多所強調「神明」於人身之修養。「神氣相傳」之義，亦當於相關修養論中得其善解，而非望文生義。

（一）神明的形上根源義

《指歸》有云：

> 神明之數，自然之道，無不生無，有不生有，不無不有，乃生無有。……是以聖人，不爲有，不爲亡，〔註5〕不爲死，不爲生，游於無、有之際，處於死、生之間，變化因應，自然爲常。……出天〔註6〕傷之戶，入長生之路，翱翔玄冥，優游太素，……味之於無味，察之於無形，故能分同異之類，明是非之情。爲之未有，定之未傾，……主安民樂，天下太平。（〈爲無爲篇〉）

> （得道之士）無取無與，無得無去，閉門杜戶，絕端滅緒。神明爲制，道爲中主，動與化鄰，靜與然交。（〈知者不言篇〉）

《指歸》認爲，「神明」之變化以「自然」爲依歸。〔註7〕就修養主體而言，聖人之「神明」以「自然」爲常，乃「不無不有」、「游於無、有之際」（「道」之義），並洞燭先機，爲之以反（「德」之義）。「神明」含具「道」、「德」二義於其身，能守能化，以一「神明」同時體現此二義，故可謂其含具「道德」連用之義於一身。得道者乃「神明爲制，道爲中主」，亦即「我道相入」之義；今得道者「神明」體「道」，靜即「自然」、動爲「道化」（上德）。「神明」之位階本在「道」、「德」之下，然以「自然」爲常之「神明」，卻可提昇至「玄冥」之境，而「入長生之路」；此「入」係「我道相入」之下方有，「神明」發揮其內具之「道德」之義，而有此提昇之可能。《指歸》含藏「道德」連用

〔註5〕　津逮本、學津本作「無」。
〔註6〕　「天」本作「夭」，王德有據怡蘭本、津逮本、學津本改，今從之。
〔註7〕　《指歸》習將「神明」與「自然」作連結，詳見第三章第三節〈「無爲」與「自生」〉。

之義於形上「神明」一詞中，以之爲修養主體中「神明」之來源；此舉說明理論上之可行性，亦說明聖人與百姓何以有異（「神明」稟受多少有別之故）。至於《指歸》所指「神明」與「長生」之關係，詳見後文。

《指歸》又云：

> 道德之化，變動虛玄。蕩蕩默默，汎汎無形，橫潒慌忽，渾沌無端。視之不見，聽之不聞，開導稟授，無所不存。功成遂事，無所不然。無爲之爲，萬物之根。由此觀之，不知之知，知之祖也；不教之教，教之宗也，無爲之爲，爲之始也；無事之事，事之元也。凡此數者，神明所因，天地所歸，玄聖所道，處士所傳也。（〈爲學日益篇〉）

> 夫無形無聲而使物自然者，道與神也；有形有聲而使物自然者，地與天也。神道蕩蕩而化，天地默默而告；蕩而無所不化，默而無所不告。神氣相傳，感動相報；反淪虛無，甚微以妙；歸於自然，無所不導。（〈言甚易知篇〉）

「無爲之爲」數者實即爲「無有之有」（「道」），爲「神明」所依歸。「道」與「神明」有其相似性，皆可「使物自然」、「蕩蕩而化」。「神氣相傳」一句，乃爲溝通前文「神道」與「天地」二者，乃「神」與「氣」具相應關係，並非以「神氣」爲一詞語。〔註8〕「神明」與「天地」（出陰陽之氣）既有其相應關係，而「神明」返歸於「自然」之狀態下，乃無所不導；如就修養主體來說，亦即在「我道相入」下，聖人使「民」自然外，亦使「天心」和合，陰陽和氣協調，穀物豐收。「神氣相傳」之義，乃以「神」爲主導、以自然爲義理內容，「氣」則位於配套之角色。因此，神明、天地、玄聖所依歸者爲「無有之有」，爾後的「有無有之有」爲「上德」體現大道之內容，而有種種變化相應之事，故云「道」爲「事之元也」。聖人「體道抱德」皆藉「神明」發顯，「神明」含具「道德」連用之義，可明矣。

如將形上諸位階做一類別區分：常連用之「道」（虛之虛）、「德」（虛），全然無氣概念，可劃歸爲一區，吾人且稱之爲「虛之域」；「神明」（無之無）、「太和」（無）或多或少帶有氣概念，又常各自與「自然」、「無爲」作比配，吾人且稱之爲「無之域」。虛之域爲「大道」對自身內容的展現，無之域爲宇宙、生命的開展。

〔註8〕 如王德有、陳儷文，皆視「神氣」爲一詞語，而判定「神明」爲氣。詳見第二章第二節〈「氣」範圍的界定〉。

　　《指歸》有云：「道德變化，陶冶元首，稟授性命乎太虛之域、玄冥之中，而萬物混沌始焉。神明交，[註9]清濁分，太和行乎蕩蕩之野、纖妙之中，而萬物生焉。」（〈不出戶篇〉）虛之域中，道德連用起變化，萬物由混沌開始。此混沌即「一」，[註10]不斷推動無之域中的「神明」去生成萬物，卻不隨無之域者和萬物一同變化；「一」與所生者各自變化，「一」之變化意在推動無之域及其以降的序列，亦即使萬物自化自生。[註11]萬物自生乃隨其自身變化而來，「一」推動後即不再干預萬物之變化，德歸萬物，故爲「上德」。在「德」推動無之域後，「神明交，清濁分」，自「神明」向下分出「清」、「濁」，加上「和」，即爲「太和」階段。「神明」位居「無之域」之首，上承「道德」連用之義，下顯本體宇宙論，又寓宅於人身，爲人「體道抱德」之關鍵。「道」於「神明」中存，「德」於「神明」中顯。《指歸》云：「道在於身，不在於野；化自於我，不由於彼。」（〈大成若缺篇〉）此句最能圓融表示「道德」連用於修養論上之情狀，且亦賦予「神明」本體宇宙論式的自我開展之義。《指歸》云「神明爲制，道爲中主，動與化鄰，靜與然交」，亦即此義；又云「神之性得一之靈，而神之所爲非靈也。不思不慮，無爲無事，以順其性」（〈得一篇〉），此「性」即具範軌義（合於「道」之自然無爲）和性分義（「德」給予之特殊化），表明「神明」係合「道」與「德」（一）以順其自身之性。因此，《指歸》往往鋪演「神明」生化妙物之功能，無之域遂能於《指歸》體系中進行宇宙、生命之開展。

　　「神明」落於人身，且承認人之地位異於萬物，[註12]即標誌著人的主體性。儒家重人道甚於天道，《指歸》則藉「神明」論修身治國之要，重視人道之餘，同時藉「神明」含具「道德」連用之義，籲人向大道回歸。從人之主體性出發，同時擴大人性之內容（道人、德人、仁人、義人、禮人），人性不僅限於仁義，亦不僅限於純粹之自然，使儒道在光譜式之人性展示中，各自尋得相應之位；而所擴大之人性內容，均可爲共通的「神明」所容攝，故「神明」成爲人性殊性之共，而爲儒道會通根基上形成的第一個具體共構。

〔註9〕 「交」本作「文」，王德有據津逮本、學津本改，今從之。

〔註10〕 〈道生一篇〉有云：「有物混沌，恍惚居起。……混混沌沌，……潢然大同，無終無始，萬物之廬，爲太初首者，故謂之一。」

〔註11〕 〈得一篇〉有云：「一者，道之子，神明之母，太和之宗，……混混沌沌，……皓然鋝生，鋝生而不與之變化，變化而不與之俱生。」

〔註12〕 〈道生一篇〉有云：「天地，物之大者，人次之矣。」

（二）「神明」與「精神」

「神明」出入形上、形下，與「精神」有所分別。以下略論二者之區別與修養上之關係。

1. 「神明」居於人身：以「精」託「神」而為「精神」

《莊子》內篇中「精」字出現 2 次，「神」字出現 19 次，卻未嘗有「精神」二字連用的，外雜篇「精」字出現 41 次，「神」字出現 93 次，「精神」連用〔註13〕至外雜篇方才出現，計 8 次。在莊子以前，「精」字、「神」字已經很流行，但把二字連在一起而有「精神」連用，〔註14〕則起於《莊子》之外雜篇。《指歸》之《莊》學色彩濃厚，〔註15〕《莊子》之「神明」、「精神」等詞語，皆為《指歸》所採用，以下分而述之。

《指歸》有云：

> 有物俱生，無有形聲，……清靜不改，以存其常，和淖纖微，變化無方。與物糅和，〔註16〕而生乎三，為天地始，陰陽祖宗。在物物存，去物物亡，無以名之，號曰神明。生於太虛，長於無物，……周流無物之外，經歷有有之內。……去取有分，〔註17〕無所憎愛，留柔居弱，歸於空虛，進退屈伸，常與德俱。為道先倡，物以疏櫟，

〔註13〕 就中國文字構詞原則來說，單字即單詞為最早出（如「神」可作為一名詞），兩個單詞形成結構則次之（如「精」「神」兩個名詞並列而為一結構，二義中可介入一「和」字），兩個單字而為一詞語更為晚出（如「精神」，為一合義複詞，表示一個概念）。然，在考察《莊子》外雜篇時偶有難分斷「結構」或「詞」之處，故於此暫渾淪概稱為「連用」，而未做細分。

〔註14〕 徐復觀對此有一分析，簡述如下：《莊子》一書所用的精與神概念，是出自《老子》。從《老子》第二十章的「窈兮冥兮，其中有精」、第六章的「谷神不死，是謂玄牝」可知，《老子》精與神二字都是剋就道之本身而言。《莊子》主要的思想將《老子》客觀的道，內在化而為人生的境界，於是把客觀性的精、神，也內在化而為心靈活動的性格。心不只是一團血肉，而是「精」，由心之精所發出的活動，則是「神」，合而言之即是「精神」。（《中國人性論史‧先秦篇》，上海：上海三聯書店，2002 年 7 月，頁 345。）

〔註15〕 「不論從論證的篇幅，或鋪衍的著力看來，對虛無玄默與為之以反的哲學論證，都是《老子指歸》的主體目標，而這兩者中都有著明晰的莊學影像。」參見陳師麗桂《〈老子指歸〉的聖人論》（收於《中國學術年刊》第二十二期，臺北：國立臺灣師範大學國文研究所，2001 年），頁 142。

〔註16〕 「神明」之中，「有物俱生」，「二物並興」，其生「三」，乃「與物糅和」。此糅和之「物」非「萬物」，因「萬物」此時猶未生成：應是「神明」中之二物相糅和。如依吾人之假定，即「神」與「明」二者相糅和而生乎「三」。

〔註17〕 此「分」所指為範軌義，意指合於自然無為。

　　受多者聖智，得少者癡愚。故神明聖智者，常生之主也；柔弱虛靜
　　者，神明之府也。（〈生也柔弱篇〉）

前文指出「神明」以「自然」爲常，則「出夭傷之戶，入長生之路，翱翔玄冥，
優游太素」。「神明」爲形上位階（「周流無物之外」），亦可入於萬物之中（「經
歷有有之內」）；「神明」自在出入形上、形下，得之者得生。「神明」與「生」
關係密切，甚至「神明」受多者爲「聖智」，聖人乃有性分義與職分義相即之責：
〔註18〕引民入「生」之路，各樂其生。「神明」之「入長生之路」、「翱翔玄冥」，
不僅適用於形上位階之「神明」，同樣地，亦適用居於人身者；《指歸》之修身、
理國，於此即找到「道德」運用而落於人身之根據。由上可知，「神明」含具「道
德」運用之義，「神明」與「自然」進行連結，強調以「自然」爲常，實爲《指
歸》自覺之理論建構，並非偶然之筆。「神明」一詞乃《指歸》資取黃老學說而
來，「精神」之義乃其資取《莊子》外雜篇而有。《指歸》鎔鑄此二者之義，以
「神」於形上位階或人身之別而會通二者，修身入道之據與聖人理國之由，得
其統一。此外，「神明」以「生者」〔註19〕之姿表達本體宇宙論「生生」之義，
亦爲其「感應」說進行理論基礎之鋪設，詳見後文。

　　《指歸》有云：

　　夫道德神明，陶冶變化，已得爲人，保合精〔註20〕神，而有大形。
　　動作便利，耳目聰明。游於昭曠之域，聽視天地之間。上觀向然之
　　法式，下察古將之得失。（〈天下有道篇〉）

前文已明，「生」在有形軀之萬物中，以「精」託「神」，並稱而爲「精神」；
萬物形軀中之聰明、情意、魂魄、血氣，皆爲精神之用。〔註21〕換言之，「神
明」居留於身而有生命，生命以「精」託「神」，此即「精神」。由「精」、「神」
保合而人得有大形，吾人可知：「精」爲具氣概念之物，與「神」相結合，生

〔註18〕　參見第四章第二節〈修身與理國之貫通〉。《指歸》有云：「聖知有性，治之有
　　　　道。」（〈江海篇〉）《指歸》認爲，聖智因稟性而有，聖人理國治民應依於大
　　　　道。聖人之性分義即職分義：聖人具道人之性分，「樂長生，尊厚德」（〈上德
　　　　不德篇〉）；其處君位之時，即爲「常生之主」，藉玄教引民入道，各樂其生。

〔註19〕　《指歸》有云：「有虛者陶冶變化，始生生者而生不能生也；有無之無者而神
　　　　明不能改，造存存者而存不能存也」（〈道生一篇〉），「神明」爲「生者」（「造
　　　　存存者」），推動萬物生成之時間序列，吾人亦是憑藉「神明」而得生。

〔註20〕　津逮本作「情」，依王德有校改。

〔註21〕　〈出生入死篇〉有云：「夫生之於形也，神爲之蒂，精爲之根，營爽爲宮室，
　　　　九竅爲戶門。聰明爲侯使，情意爲乘輿，魂魄爲左右，血氣爲卒徒」。

命即存在於此形軀中。《指歸》有云：「我性之所稟而為我者，道德也；其所假而生者，神明也；其所因而成者，太和也；其所託而形者，天地也。凡此數者，然我而我不能然也。」（〈名身孰親篇〉）吾人乃憑藉「神明」而有生命，而吾人有身乃因「太和」、「天地」使之成、使之形；「神」與「精」之結合亦然，「精」之具氣概念，理應與太和、天地密切相關，惜《指歸》章句未有明確指陳，吾人遂不以義理向度臆度之。吾人雖未能確切指出《指歸》之「精」所指為何，然可知「精」之有無程度介於「形」、「神」之間；「神明」之留「形」，為「形」中之「精」所託，「精」消則「神明」無所依託。「上觀向然之法式」，即意在表明「神」具範軌義與根源義，縱然落於人身，亦不受「精」之影響而有變化。

2. 存物物存，靜氣以存神明

「精」與「氣」密切相關，由「精神」之修養工夫可得而見。《指歸》有云：

> 精深〔註22〕而不拔，神固而不脫，魁如天地，照如日月。既精且神，以保其身。知足而止，故能長存。此謂避名而名我隨，逃利而利我追者也。（〈名身孰親篇〉）

> 治之於身，則性簡情易，心達志通，遠所不遠，明所不明。重神愛氣，輕物細名，思慮不惑，血氣和平。筋骨便利，耳目聰明，肌膚潤澤，面理有光。精神專固，生生青青，身體輕勁，美好難終。（〈善建篇〉）

> 是以聖人，虛心以原道德，靜氣以存神明，損聰以聽無音，棄明以視無形。……絕聖棄智，除仁去義。發道之心，揚德之意。順神養和，任天事地。陰陽奉職，四時馳騖，亂原以絕，物安其處。（〈至柔篇〉）

「精」之根柢牢深，「神」亦易託於其上、固而不脫，因此「重神愛氣」，可使「精神專固」，常保其身。上為偏重於「精」之功能性而講，然衡其「精神」之義，「神」之範軌義與根源義，皆較「精」為要；如同前文已述「神氣相傳」之義，乃以「神」為主導、以自然為義理內容，「氣」則居於次要以為輔。需注意的是，吾人不可在無直接可見之文獻章句下，驟指「神氣」即為「精神」。

〔註22〕津逮本、學津本作「藏」。

「虛心以原道德」，乃發揮「神明」含具「道德」運用之義，使之得「上觀向然之法式」；「靜氣以存神明」，乃意在使「精」牢深以存「神」，氣之平靜與精之牢深攸關，由此可見一斑。聖人之修身，不僅虛心亦靜氣，非意在以氣修練形軀，而在《指歸》所重之「神」，居於人身之時，所託者為「精」，使之根柢牢深以託「神」之故；「神」固而「明」明，以見肉眼未能見者，其意在此。此處之「精神專固，生生青青，身體輕勁，美好難終」，即指出「精神」與「身體」之關連，「精神專固」、「身體輕勁」方能使人活在無終之美好中。
《指歸》有云：

> 禍世之匠，亂國之工，絕逆天地，傷害我身，莫大乎名。生憍長溢，因民貧國，擾濁精神，使心多欲，叛天達道，爭為盜賊，天下不親，世多兵革，一人為之，傷敗萬國，主死民亡，物蒙其毒，莫大乎貨。

> 夫使神擾精濁，聰明不達，動失所求，靜喪所欲者，貨與學也。唯能錬情易性，變化心意，安無欲之欲，樂無事之事者，道與德也。

《指歸》認為，外在的名聲、財貨、學習會擾濁「精神」，使心多欲、聰明不達；唯「道德」得以簡情易性、變化心意，亦得以使人「神感精喻，心釋意壞，怒移禍徙」（〈大國篇〉），使怒者感動、愉悅，解其心意困結，安身安民。《指歸》在論主體修養時，「精」、「神」並論，以為「神擾精濁」之弊，不僅在「多欲」，亦使「聰明不達」。前文指出《指歸》之「欲」為執著之結而難解，屬於「心」的部分；「耳目聰明」與否，則屬於「身」與「智」〔註23〕的部分。「心」、「身」、「智」連屬一體，修養主體不應視其為獨立無關之三者；《指歸》既視天地萬物為一體，將「心」、「身」、「智」全隸屬於「精神」之下，亦不足為奇。《指歸》習於以「一體」表現萬殊之一同；凡人或以為心、身有別，在《指歸》一同之價值觀中，分別亦只是表象之別，究其根本，實為一體。「精神專固」不僅使「神明」發揮其「明」，亦使感官之耳目得以聰明，其因在「精」。「神明」出入人身，「精」於人身待「神明」之棲；相較之下，「精」更貼近人身。吾人雖不見詳細解說「精」從何而來、確切內容為何、如何與「神明」進行互動，然仍可見出「精」貼近人身。「精」是否為「氣」，無章句可證，吾人不宜斷然推之；同理，

〔註23〕《指歸》認為人之承載「神明」，多者為「聖智」，少者為「痴愚」，本有將「智」遊走在修養之智慧與認知之智力間的意思，《指歸》未進行釐分；相同的情形亦發生在「聰明」之上，遊走於智力之聰明和耳目之聰明間。此是否為《指歸》有意之舉，吾人難以得知。此處暫且皆以「智」稱之，未加以細分。

較「精」更遠離「氣」之「神」，更不宜貿然驟指爲「氣」。「神明」具氣概念，
爲吾人目前有限之得知，故其能與「精」緊密互動，而使「心」、「身」、「智」
藉「精神」進行「一體」之表現。

　　「神明」與「精氣」之關係爲何，將影響《指歸》之修養理論。學者間存
有不同看法。如王德有憑「神氣相傳」一語定「神明」爲「氣」，其優點在於能
解釋「心」、「身」、「智」彼此關連之一體互動，其缺點在於不顧《指歸》之意
乃在「神」、「氣」之並舉，且亦無其他正面指陳之原典文字可以支持，而必需
轉求他書（《管子》）以爲證。〔註24〕蔡振豐則認爲，「道」爲一客觀之「道」，
本身包含種種妙用，而「虛冥」爲其無價值對區分之狀態，以爲《指歸》之修
養論與精氣之説並無關係；〔註25〕如此則失卻「神明」所具有之氣概念，亦置
「精」貼近人之身於不顧。「保合精神，而有大形」、「精神專固，生生青青，身
體輕勁」，皆表達出「精神」與形軀之關係，並非僅以「神」與「道」通，即可
將之全數刊落。因此，在《指歸》之中，「神明」與「精」皆未能得到直接章句
之説明下，縱使吾人尋得「虛心以原道德，靜氣以存神明」此章句，然因無章
句指出「精」是否可與「氣」劃上等號，爲避免渾漫「精」、「氣」在《指歸》
中可能有之義理分際，吾人遂需對「精」之內容有所保留，未能多言。

　　既然吾人未能析論「精」、「神」間之互動關係，遂只能依「虛心以原道
德，靜氣以存神明」之義及《指歸》現有章句，略述梗概。《指歸》有云：

　　　人主不言，而道無爲也。無爲之關，不言之機，在於精妙，處於神

〔註24〕王德有〈老子自然觀初探〉（《哲學研究》，1984 年第 9 期），頁 60～66。

〔註25〕蔡振豐認爲：「嚴遵的存身養神之與精氣之説並無關係，也非所謂的『向相反
方向轉化』，而是建立在心靈境界的無所拘執上。然這種心靈境界之説並不能
直接視之爲『主觀的心靈境界』，而是透過『同源』『交感』的客觀意義來達
成。」（氏著〈嚴遵、河上公、王弼三家《老子》注的詮釋方法及其對道的理
解〉，收於《文史哲學報》第五十二期，2000 年 6 月，頁 114。）

蔡氏又云：「聖人的神明之功，不是建立在一種境界上，而是他取得一種客觀
之道，在同源交感的運化之下，而有道的種種妙用。」（同上，頁 115。）

前文已對蔡氏對王氏「向相反方向轉化」之論有所論衡，茲不贅述。蔡氏之
説應是針對王德有「神明」爲「神氣」而發，故極力拉開「神」與「氣」之
距離。蔡氏削弱氣在《指歸》中所扮演之地位，強調人之神明能掌握大道此
義，故忽略《指歸》中多處「氣」、「神」並舉之文，意義何在。

與蔡振豐意見相近者，前有熊鐵基之説。熊氏認爲，在宇宙生成過程中所出
現的「神明」、「太和」，代表的是道化生萬物時的「作用」，而不是化生出的
產物。（詳見氏著《中國老學史》，福建：福建人民出版社，1997 年 7 月，一
版二刷，頁 173。）

微。神微之始，精妙之宗，生無根蒂，出入無門。常於爲否之間，
時和之元。（〈至柔篇〉）

是以聖人，柄和履正，治之無形。遊於虛廓，以鏡太清。遺魂忘〔註
26〕魄，休精息神。（〈大成若缺篇〉）

（聖人）質眞若渝，爲民玄則。生之以道，養之以德。導之以精神，
和之以法式。（〈上士聞道篇〉）

「休精息神」即「虛心以原道德，靜氣以存神明」。精神之始宗爲「道」，聖
人虛心原之，使氣得靜，神明得存；「道」以無有之有出入萬物，故曰「神微
之始，精妙之宗，生無根蒂，出入無門」。《指歸》以「精神」、「神明」之入
道，以「不無不有」爲「自然」之表現，而無爲之關鍵即在於「遺魂忘魄，
休精息神」。因「精妙」、「神微」，聖人得以其精神引導萬民回歸自然；人主
精神修養狀態與執政治國攸關。《指歸》有云：「（聖人）生而不殺，與神明通，
建德流澤，常處顯榮。辭巧讓福；歸於無名，爲而不恃，與道俱行。」（〈信
言不美篇〉）由於「神明」爲「生者」，聖人「生而不殺」故與「神明」相通；
聖人「休精息神」，存神明、原道德，自然無爲，故能生養萬民。

《指歸》發揮「神明」爲「生者」此義，認爲萬物之死生端視「神明」
之去留；其去留又視萬物虛無柔弱之情形。《指歸》有云：

神明所居，危者可安，死者可活也；神明所去，寧者可危，而壯者
可煞也。陽氣之所居，木可卷而草可結也；陽氣之所去，氣可凝而
冰可折也。故神明、陽氣，生物之根也；而柔弱，物之藥也。柔弱
和順，長生之具而神明、陽氣之所託也。萬物隨陽以和弱也。故堅
強實滿，死之形象也；柔弱滑潤，生之區宅也。（〈生也柔弱篇〉）

《指歸》將「無」與「生」進行連結，認爲具有「無」方得以生，萬物如有
知有爲，使「有」漸增而致使「無」不復存，存在狀態由「生」變成「死」。
如以《指歸》義理推之，「絕對虛無」無所不在，「絕對實有」並不存在。因
萬物賴「無」爲生，萬物中所含之「無」，以「神明」爲最高代表，若「神明」
離棄萬物此寓宅，則此形軀未能以「無」爲本，即步向死亡之途。形軀此「有」
乃「氣」之凝，「神明」寓之則存、去之則亡；形神一體，「神」爲源，「形」
爲流，生命之運作、血氣之流動皆因「神」開其生源，汩汩其流。萬物「逼

〔註26〕怡蘭本、津逮本、學津本作「亡」，依王德有校改。

近」絕對實有之時即已消亡，其「神」復歸於形上位階之「神明」，其「形」消散歸於「氣」；「死亡」乃形神各歸原位，並非眞正入於絕對實有之中而不復返。由萬物之逼近絕對實有即已各歸其位，可知「絕對實有」並不存在；「氣」之無性有限，無法使自身長生，需賴「神明」之無性爲本，若「神明」去形，「氣」之無性未能使生者形軀長存，形消氣散，「氣」之無性仍存於自身上，並未因死亡而被刊落。換言之，「生」爲「無」之充足，「死」爲「無」之不足，生死只是個體存在狀態的改變。

（三）「神明」與「感應」

「氣」在《指歸》體系中，雖非居理論中心，吾人可以有無二性解消其可能帶來之思維迷障，豁顯《指歸》虛通之義；然「氣」在《指歸》中並非可被任意抹殺。《指歸》不以「氣」爲思考主軸，不以「氣」爲形上本體，然「氣」卻又在有形、無形世界之間，扮演穿針引線的角色。如有形世界從何而來、何以成形，天地萬物的生成皆與「氣」相關。

人之「神明」與外界人事物所引起的「感應」關係，亦與「氣」攸關。《指歸》有云：「君王無榮，知者無名。無教之教，洽流四海，無爲之爲，通達八方。動與天地同節，靜與道德同容。萬物並興，各知其所，名實俱起，各知其當。和氣流通，宇內〔註27〕童蒙，無知無欲，無事無功」（〈善爲道者篇〉）、「反逆天地，刑戮陰陽，黥劓道德，破碎神明，和氣潰濁，變化不通；冬雷夏霜，萬物夭〔註28〕傷」（〈用兵篇〉），都與「氣」攸關。《指歸》之感應思想，並無人格神參與其中，而是吾人之「神明」與本源一體之故。

在氣化流行的世界中，以君主無道所引起的感應關係，變動最大。《指歸》認爲：「天地鈐結，陰陽隔閉，星辰散亂，日月鬭蝕，詐逆萌生，災變并發。非天降禍，世主無道。」（〈天下有道篇〉）災變之起，並非人格神有意爲之，而是人君己身無道之故，禍患自招。此處可結合前文「萬物自取」下之「自生」，以及「道在於身，不在於野，化自於我，不由於彼」（〈大成若缺篇〉）來看：人之身有道，今人君無道，自引起感應，使天地陰陽刑德發揮作用，災變萌發。在《指歸》中，感應並無神秘色彩，可由如上義理釋通，然何以位居政治制度領導位置者，其感應程度如此巨大，《指歸》中並無相關說明。吾人至多合理揣測，或許是因人君失道，致使全民失道，諸多人之「神明」

〔註27〕津逮本、學津本作「宙」。
〔註28〕津逮本、學津本作「大」。

引發如此強大的共感。

由上可知，「氣」雖非位居《指歸》義理要津，卻有成物生生之用、毀物警示之效。如抹殺「氣」之功能而說「感應」，則有失全貌。蔡振豐認為：

> 嚴遵所強調的對立項不是反義似的兩極關係，……萬事萬物所呈現對立區別的現象既由道而成，故對立項間有同源同宗的關係，也因此具有「性情同生，心意同理」的共同元素，能有「物類相應，不失毫釐」的交感現象。嚴遵認為，對立的形式通過「同源」「交感」的概念可以形成現象萬物的種種結構，……「虛無無形，微寡柔弱者」都有道的意義，也不應視為「實有有形，顯多剛強」的反義描述，而應為正反玄冥，交感反復的狀態。〔註29〕

蔡氏認為對立項間乃具有同源同宗之關係，指出了《指歸》感應之說的義理根基；然蔡氏以為「嚴遵的存身養神之與精氣之說並無關係」，〔註30〕其感應僅限與本源感應，而切除與氣之感應。《指歸》中之有、無看似相對立，乃是「比較」而來，實則同源一體；人之「神明」不止與本源感通，甚而可影響天地和氣。蔡氏上述之說，義理雖甚精巧，卻失去「神」與「氣」之關連性。蔡振豐認為：

> 《老子指歸》不但用對立項的同源及交感來說明道與萬物的生成結構，也依此而形成「道人」在行事上應有的思維結構。如其中的「一」「神明」等語詞，不但成為道之生成結構的一環，亦為聖人能否應感隨化的關鍵，……「一」或「神明」，其指意皆為清濁玄混的狀態，由此虛冥未分之狀態，《老子指歸》據之而論聖人合道的行為。〔註31〕

蔡氏認為，《指歸》中看似對立的形式表達，並非語言概念中兩極之反義，而是「道」運行下所呈現的現象；既然《指歸》強調的不是反義之對立，而是二者皆同源於「道」，因此主體之修養亦應放下語言概念帶來之對立思維，以虛冥未分之狀態應事。蔡氏之說甚是；唯蔡氏認為聖人感應之關鍵為「一」、「神明」，為虛冥未分之狀態，吾人則持不同之意見：「道」為絕對虛無，不

〔註29〕蔡振豐〈嚴遵、河上公、王弼三家《老子》注的詮釋方法及其對道的理解〉，頁112。

〔註30〕同上註，頁114。

〔註31〕同上註，頁112～113。

無不有，為真正之虛冥未分，「一」、「神明」已有無性與有性於其間，進入「道」不黏滯一方之境、不無不有，方為虛冥未分之狀態。蔡氏過於強調「神明」之虛靈，忽略「神明」亦帶有氣概念之部分，易令人誤以為「神明」即「虛冥未分」之狀態；此舉亦混漫了「無之無」（神明）、「無無之無」（德）與「無無無之無」（道）三者之義理界線。

綜而言之，《指歸》對氣化流行之吸收，除表現在上述之「神明」，滿足對人君之警示作用外；亦表現在「太和」之「清、濁」與陰陽之氣上，使之能滿足客觀天地萬物如何得生成之要求。《指歸》中「神明」至「太和」一段的氣概念演變並不十分清楚，「太和」以降則有更濃厚之氣概念參與其中，萬物形軀之凝成，遂得其解。《指歸》選擇以當代之說處理道家「身」之問題，又能以虛無一體為主軸，妥當安排心身關係而未離道家大旨，故終究未走上修練形軀、飛昇成仙一路。

二、性　論

《指歸》以「神明」為修養主體，然亦建構一套性、命、情、意、志、欲的配套之說，表述其如何影響修養主體、惡從何來等。其中，人因「性」之不同可再進行區分，藉人性論內容表達《指歸》之價值觀。此些性論系統地表達自然虛無向下之跌失變化，仍是以一體性之方式展露其系統，表現《指歸》一貫之思路。

（一）性、命、情、意、志、欲

《指歸》有云：

> 何謂性、命、情、意、志、欲？所稟於道，而成形體，萬方殊類，人物男女，聖智勇怯，小大脩短，仁廉貪酷，強弱輕重，聲色狀貌，精粗高下，謂之性。所授於德，富貴貧賤，夭壽苦樂，有宜不宜，謂之天命。遭遇君父，天地之動，逆順昌衰，存亡及我，謂之遭命。萬物陳列，吾將有事，舉錯廢置，取舍去就，吉兇來，禍福至，謂之隨命。因性而動，接物感寤，愛惡好憎，驚恐喜怒，悲樂憂志，進退取與，謂之情。因命而動，生思慮，定計謀，決安危，通萬事，明是非，別同異，謂之意。因於情意，動而之外，與物相連，常有所悅，招麾福禍，功名所遂，謂之志。順性命，適情意，牽於殊類，

繫於萬事，結而難解，謂之欲。（〈道生篇〉）

《指歸》認爲：「情」因順「性」而動，有好惡愛憎及進退取捨；「意」因順「命」而動，會去思慮考量，明是非、別同異。「性」稟受於「道」，是人或物，是男或女，以及個性、形貌等，皆爲「性」所表現，氣性之意味相當濃厚。至於「命」則可區分爲三：「天命」稟受於「德」，個人之貴賤夭壽、天生福份由此而顯；還有因遭逢不同國君（政治領導者對人民的影響）或父母（原生家庭對子女的影響）、天地變化（生存場域對萬物的影響）而有的「遭命」，以及主體依其判斷與所爲（取捨去就）造成的「隨命」。吾人可簡單歸納出【道→性→情】（「→」表示稟受或因之而動）之脈絡關係；然於「命」之脈絡關係上，則只可分別歸納爲【德→天命】、【命（天命、遭命、隨命）→意】兩脈絡。之所以不宜直截認定【德→命→意】此脈絡關係，即因「遭命」、「隨命」並非稟受於「德」：「遭命」爲「天命」之外的客觀限制，非個人貴賤夭壽之命限，而是因個體之外的他者（群體網絡與生存環境）所帶來的客觀限制；「隨命」乃是由於主體之「情」、「意」有「進退取與」、「生思慮，定計謀，決安危，通萬事」，而造成個人命運之吉凶禍福。需說明的是，「德」超越於時間序列之上，《指歸》中常將「德」作爲掌握變化之秉要，由此仍可說「德」與「遭命」、「隨命」之間具有密切關係，然其關係並非稟受或因之而動，卻也不可不明察之；主體「性命自然，動而由一」（〈得一篇〉），明白變化有所宗，主體得一而存，〔註32〕「遭命」、「隨命」所帶來之吉凶安危，雖可歸之於「德」之下，卻不可言此二者由「德」所出，否則將減殺《指歸》主體之能動義而流於絕對命定論。〔註33〕在《指歸》中，常以「命」通稱「天命」、「遭命」、「隨命」，或實際上只有意指其中一者而已；吾人於研讀之際，「命」一詞需隨文脈而定其義，以避免於無意間減殺《指歸》主體之能動義。〔註34〕

〔註32〕「凡此五者（天、地、神、谷、侯王），性命淳美，變化窮極，進退屈伸，不離法式。得一而存，失一而沒。況乎非聖人而王萬民、廢法式而任其心者哉！」（〈得一篇〉）

〔註33〕此處亦可見出嚴遵此說與王充「性成命定」說之異。

〔註34〕杜保瑞〈嚴君平老子指歸哲學體系的方法論探析〉（《哲學與文化》第330期，2002年10月）一文以爲《指歸》爲「非絕對命定論」，然杜氏將改變命運之主體能動性鎖定在「通過功夫提昇境界」（頁917）上，排除「隨命」中另帶有非屬境界義的舉廢取捨行爲。

吾人以爲杜氏之說猶有可諍議處：（一）《指歸》「隨命」之改變，或可因修養、

　　「情」、「意」因「接物感寤」、「逆順昌衰，存亡及我」、「萬物陳列，吾將有事」之故，促使主體有抉擇取捨，乃至發爲行動；情意因順性命而動，又因主體與「物」相接之故，主體愛好不同而有其所悅者，此謂之「志」。「志」爲情意之凝結，故亦是招來吉凶禍福者；功名亦常因「志」而得成就。「志」雖「常有所悅」，卻未必執著不放；「欲」則是與物相連而「結而難解」者。《指歸》常以「志和」、「無欲」兩種修養工夫稱之，「志」若「和」即無礙，「欲」則需主體爲之解結、化結，使執著之結得以消解。《指歸》論「情」與董仲舒有異。董仲舒認爲性爲陽、爲善，情爲陰、爲惡，主張修性抑情；《指歸》則認爲情因性而動，乃一自然呈現，無須抑之，而與物相接後結而難解的「欲」，方爲需對治之對象。

　　由上可知：《指歸》對於「志」乃持未定之論，主體之「志」容或不同，由主體自決，福禍自擔；然「欲」意指心志執著不可解，非指滿足生理需求之欲望，因此《指歸》認爲應爲心志解套，無去牽繫於事物上之「欲」，使心志不隨物遷，得其精神自由。《指歸》並不反對情意之動，〔註35〕從其贊成「志和」可見一斑，〔註36〕《指歸》係以執著爲病，如以佛家語來說，即「去病

提昇境界而變，但並非其改變之「唯一」可能，「隨命」之義重在主體行爲表現上，既使主體是無自覺於合道之行爲上（未有提昇自我境界之情形），亦無妨「隨命」之變；（二）杜氏認爲，命定論可以容受有自由意志空間，《指歸》之命定論仍有其合理性之可能；然杜氏之所以如此認爲，乃是其將《指歸》三層「命」論合爲一層之故。《指歸》中之「天命」尚且使人於人始生之際即承受某種命限，因此宜稱其命論爲部分命定論，；依杜氏之說，於此間亦可有自由意志空間，此部分命定猶有變易損益之可能，故《指歸》實爲「不徹底之部分命定論」。

此外，《指歸》有云：「性精命高，可變可易；性麤命下，可損可益；若得根本，不滯有無」（〈道生篇〉），意在說明達於大道之境者，對性命之變易損益無所黏滯（至此，命定之限由實限轉爲虛限，其說雖始於命限，最終卻未感限定何在；然由於非人人皆「必然」至於此，故於衡量整體情況下，仍謂其爲「不徹底之部分命定論」），係希望「各守醇性，惆惆洋洋，皆終天命」（〈知不知篇〉），而非意在強調提昇境界即可改變命運。

〔註35〕《指歸》性情之關係，或自道德之動靜關係延伸出來。「德」爲「道」自身內容之開展，「德」爲「道」之動化，然「德」若有所執，則不可說此「德」即爲「道」；「情」亦爲「性」自身內容之開展，「情」爲「性」之動，「情」並非得減之，而是「性」自然而然之表現，唯「情」有徵向而易執定其中，此「情」若牽繫於物上而難解，即需還諸虛無。

〔註36〕「夫赤子之爲物也，知而未發，通而未達，能而未動，巧而居拙。生而若死，新而若弊，爲於不爲，與道周密。……精神充實，人物並歸。啼號不

不去法」；情意心志仍可有所好惡，有所決定，問題在於其執著與否。此處之說，可與「萬物自取」下之「自生」並看，相互發明。

需注意的是，《指歸》認爲「所稟於道，而成形體，萬方殊類，人物男女，聖智勇怯，小大脩短，仁廉貪酷，強弱輕重，聲色狀貌，精粗高下，謂之性」、「所授於德，富貴貧賤，夭壽苦樂，有宜不宜，謂之天命」，但此「性」、「天命」之定義，並未能通用於《指歸》全書中；如：「神之性得一之靈，而神之所爲非靈也。不思不慮，無爲無事，以順其性。無計無謀，無嚮無首，以保其命」，「神明」無形體，無所謂男女勇怯仁貪可言，亦無所謂貴賤夭壽。《指歸》中之「性」、「天命」，帶有濃厚「氣」意味，因其生化萬物的直接關係者爲「太和」，「形因於氣，氣因於和」，因此有形之類莫不帶有「氣」之意味；由上可知，《指歸》此處對「性」與「天命」所下之定義，乃是專就人身而言之。《指歸》於〈道生篇〉中，偏重有形之類於氣中顯性此方面，人身因「氣」而凝成，故稟受於「道」之「性」由絕對虛無之無所不有，成爲相對來說有所限制之「有」；然《指歸》不失其大旨，仍以無心無爲的修養工夫，作爲「簡情易性」（〈上士聞道篇〉）之理論基礎，人之「性」亦可依有無程度而區別：道人、德人、仁人、義人、禮人，下文即欲探索之。〈道生篇〉中認爲性、命、情、意、志、欲此六者，皆需依順道德自然之性；〔註37〕道德是以「自然」爲性，以其虛無而猶未落於氣概念之中。

《指歸》此處之定義雖不能通用於全書中，然察該書對「性」、「命」（意指「天命」者）之用，「性」仍是「所稟於道」，「命」（「天命」）爲「所授於德」。茲以上文「神明」爲例：「神明」之「性」乃稟受於「道」，情意不作、無心無執，順其靈性、保其天命，並非其「性」爲「德」（「一」）所予之，乃是因「神

嗄，可謂志和。」（〈含德之厚篇〉）可知《指歸》肯認赤子之「志和」，無須無之。

另外，「動歸太素，靜歸自然，保身存國，富貴無患，群生得志，以至長存。」（〈言甚易知篇〉）、「（聖人）志在萬民之下，故爲君王。」（〈爲無爲篇〉）在合道之情況下，群生之志與聖人之志，皆是「志和」之表現，亦無須無之。

〔註37〕「凡此六者（性、命、情、意、志、欲），皆原道德，千變萬化，無有窮極，唯聞道德者，能順其則。性精命高，可變可易；性麤命下，可損可益；若得根本，不滯有無。是故，天地人物，含心包核，有類之屬，得道以生而道不有其德，得一而成而一不求其福。萬物尊而貴之，親而憂之而無抱其德。夫何故哉？道高德大，深不可言，物不能富，爵不能尊，無爲爲物，無以物微，非有所迫，而性常自然。」（〈道生篇〉）

「明」守自然無爲而呈顯其神妙，遂能安享天命；〔註38〕《指歸》於此表現出自然無爲之義方爲其歸趨。「神明」體「道」而得「一」（「德」），「道」無所不有，「德」能發之，「神明」之「性」禀受於「道」，其「性」守自然無爲而回歸大道，體大道而得玄德，故其「性」呈現靈性；故云「神之性得一之靈，而神之所爲非靈也」，實未與〈道生篇〉之定義產生絕對必然之衝突。由此可知，在《指歸》中，「性」雖禀受於「道」，然「性」並不佔據本質性的主導地位，並非從根本決定一個人的道德實現可能性，而是強調自然無爲之修養，「簡情易性」，藉由「性」、「情」之「有」而「情達虛無，性通無有」（〈天下謂我篇〉），「不滯有無」（〈道生篇〉），回歸絕對虛無而得一之玄妙大用。

《指歸》將「德」與「天命」相連結，「天命」爲「命」之一種，內在於人身上，此舉使之與《莊子》外雜篇產生義理上之繼承與改造，同時亦保留「性」之理論位置予「道」，凸顯了「道」於《指歸》中之優位性。綜而言之，《指歸》中之「性」並非直截即爲「氣性」（此與《指歸》有性漸增之思維有關，故不宜遽自以一般論氣或氣性方式說之），只是其常與氣概念相偕出現，帶有氣概念之「神明」如此，有形之類亦如此。

（二）道人、德人、仁人、義人、禮人

《指歸》認爲，人性之內容不同而有道人、德人、仁人、義人、禮人等之分別，與董仲舒論性不同。董仲舒論性將上善、下惡固定化，以中民之性爲性，認爲中民身上具仁貪二潛質，待教化而轉變之。《指歸》則是引《老子》三十八章「失道而後德，失德而後仁，失仁而後義，失義而後禮」所談的價值跌失，入於人性論之中。《指歸》不採仁貪善惡對立的二元說，而是以無性充足程度爲說，無性越少而有性越多者，行爲、意念之執定越明顯。《指歸》引諸價值入於人性中，以整全與否作爲區別，儒家之仁義即被轉化爲《指歸》諸多人性之一。道人、德人、仁人、義人、禮人之分判，除爲人性論、修養論上之分判，亦爲政治論、儒道高下之分判，而爲《指歸》修養論與政治論間之中介環節。

《指歸》有云：

虛無無爲，開導萬物，謂之道人。清靜因應，無所不爲，謂之德人。

〔註38〕「各守醇性，惆惆洋洋，皆終天命。」（〈知不知篇〉）、「萬物盡生，民人盡壽，終其天年，莫有傷夭。」（〈治大國篇〉）、「被德蒙仁，以存性命，命終天年」（〈善爲道者篇〉）。

兼愛萬物，博施無窮，謂之仁人。理名正實，處事之義，謂之義人。謙退辭讓，敬以守和，謂之禮人。凡此五人，皆樂長生，尊厚德，貴高名。各慎其情性，〔註39〕任其聰明。道其所長，歸其所安。(〈上德不德篇〉)

逮至仁義淺薄，性命不眞。不覩大道，動順其心。陷溺知故，〔註40〕漸漬愛〔註41〕恩。情意多欲，神與物連。深謀逆耳，大論迕心。非道崇知，上功貴名。(〈爲學日益篇〉)

從「不生之生」下之「自生」來看，萬物自生，「道」生物而不有其功，萬物之「性」隨「道」於氣概念中之透顯而有異，「性」之有無程度遂有不同；《指歸》依人之性將人區分爲：道人、德人、仁人、義人、禮人，〔註42〕其性皆眞，皆樂長生、慎情性，使之生長、安和，〔註43〕不陷溺於知巧、欲望；若情意與物

〔註39〕 津逮本、學津本無「各慎其情性」。
〔註40〕 「夫知故之爲術也，治人事，育群形，德延天地，功配陰陽。及其生亂也，發於無形，起於無聲，與政卷舒，與化推移，……爲之愈亂，治之益煩，明智不能領，嚴刑不能禁。」(〈大成若缺篇〉)、「上仁之君，……別人物之宜，開知故之門，生事起福，以益萬民。」(〈上德不德篇〉)、「上禮之君，……知故通達，醇悫消亡，大道滅絕，仁德不興。」(同上)、「天下(「下」本作「予」，王德有據怡蘭本、津逮本、學津本改，今從之) 享其知故之利，獲於死亡之咎。」(〈知不知篇〉)「知故」作爲一種治術，如得「無」爲其保證，自能發揮其正用，上仁之君開知故之門，治理人事，養育萬物，發揮生生之德，猶未見知故之弊；然「陷溺知故」則生亂，亂生於無形，隨政教屈伸推移，積病甚深，明智嚴刑皆難以治之。《指歸》認爲上禮之君雖不陷溺知故，卻使人民知故通達，此即爲亂之始：「知故」是否生亂，雖不在於有知而是在於陷溺與否；然一開知故之門，禍門亦啓，「知故」顯其功效，眾人群起崇知，積重難返，遂隨上禮之教生亂於無形。上德之君與下德之君皆不開知故之門，遂閉禍門；上仁之君開知故之門，雖德延天地，功配陰陽，然至上禮之君之時，眾人非道崇知，知故之門翻轉爲生禍之門，生事起禍，萬物夭傷。
〔註41〕 「愛」本作「憂」，王德有據怡蘭本、津逮本、學津本改，今從之。
〔註42〕 此五人之分，以「性」作爲區分，而此「性」甚有氣性之意味，類於之後劉劭《人物志》之説。
〔註43〕 《指歸》中「生」、「安」常並舉出現：「民以生，故戴之而不以爲重；民以安，故後之而不以爲患。」、「安者，民之所利也；生者，民之所歸也。民之所以離安去生而難治者，以其知也。民知則欲生，欲生則事始，事始則功(「功」本作「坊」，據下文「功名作」改，今從之) 名作，功名作則忿爭起，忿爭起則大姦生，大姦生則難治矣。」依準自然無爲之人，使生命生長，但亦不令生命偏離本眞，而是令生命歸其自己，復歸其根。
另外，《指歸》亦將「安」、「樂」對舉，能安且樂，表現《指歸》價值觀之趨向：「去大爲小，安卑樂損」、「居者安樂」、「安貧樂困，卑賤爲常」、「唯

結而難解，執陷於知巧、欲望中，此時「性」已不眞。《指歸》認爲，人應「順道不順心」，〔註44〕「唯棄知者，能順其則」，〔註45〕依準於自然無爲，不謗毀大道、不以知崇，言論自不違背人心而能歸其所安；動不順道德而順其心者，浸淫於恩愛，執著於徼向，多欲崇知，失其道矣。由「逮至仁義淺薄，性命不眞」、「不靚大道，動順其心」二語，可知：《指歸》認爲仁義淺薄之時（亦即失仁義而尚「禮」之際），因其無性不足，吾人之心易走向定有。

首先需說明的是，此吾人之心非孟子所云「從其大體（心）爲大人，從其小體（耳目之官）爲小人」（〈告子上〉）之「大體」，人需先立乎其大者；相反地，《指歸》乃以「道」爲大體、以心爲小體，遵大道、無其心。縱使吾人以孟子之心（「大體」）爲善向之良知良能爲其說之，然於《指歸》分判系統下，其終爲一「定向」（執定之向、心有所執）。依《指歸》義理推之，至多於其「兼愛萬物，博施無窮」處無所執而謂其「志和」，因其仍未臻大道之境之故。《指歸》之論，實將「道」與「心」分開，「心」爲亂所由出之源，即因其能顯現徼向性，而「道」於人身上之一理論根據爲「性」（「性通無有」之故）；因此，《指歸》分判系統下儒家仁義禮之觀念，皆只能與「心」相繫，對儒家主要觀念之評判，似有不公允之處。「仁義淺薄」、「性命不眞」、「情意多欲」等評語，如以孟子語即爲「放心」；就孟子而言，心具有良知良能，順心即順道，而流弊之起乃因未能知言養氣之故。《指歸》與孟子對「心」之定義不同，《指歸》「動順其心」、「陷溺知故」之論，難對儒家起針砭理論之效力，而只能與儒家孔孟一樣，指出流於形式之禮，弊端何來。

再者，「仁」爲儒家之義理觀念，然《指歸》以「兼愛萬物，博施無窮」說「仁人」，恐未明儒家愛有差等與墨家兼相愛二義之別；說「博施無窮」可

能鍊情易性，變化心意，安無欲之欲，樂無事之事者，道與德也」、「樂生安俗，四海賓服」、「樂生安壽，惡爲盜賊」、「安土樂生」、「道德之意，天地之心，安生樂息，憎惡殺傷，故命聖人爲萬物王」，人於生命之中能不與物遷之最主要因素，即此心能安之、樂之於此刻生命所有，安於當下，知足常樂；此亦即「樂長生」之表現，而非貪生惡死，一味追求長生不亡。《指歸》義理旨在自然無爲，安享天命，萬物自取自生自亡，而無飛昇成仙思想。

〔註44〕「不爭之德，因人之力，與道變化，與神窮極。唯棄知者，能順其則。故王事自然，不得妄起，得之全命，持之有理。聖知有性，治之有道。失其則則王事不成，失其道則性情不則。是以聖人，信道不信身，順道不順心。動不爲己，先以爲人；無以天下爲，故天下爭爲之臣。」（〈江海篇〉）

〔註45〕同上。

（透顯出「仁」之普遍義，爲人類價值根源，表現出儒家「不誠無物」之特色），說「兼愛萬物」則否（未能明白「仁」之具體義，「仁」於實際實踐中有其本末先後之別，如孟子即曾批評墨子兼愛之說爲「無父」）。《指歸》之判語或許自有其考量，抑或認爲此即「仁」之理想世界（大同世界）而如此說之，然無論如何，《指歸》並未正面抨擊仁義，〔註46〕對於儒家仁義並不否定，而只是不斷強調於仁義之上尤有道德，仁義仍有所執，尚未達於大道。《指歸》對儒家採取寬厚之態度，此點相當值得吾人留意；《指歸》殘本中，正式提及「儒」僅一處：

> 三代之遺風，（禍）〔註47〕儒墨之流文，誦詩書，修禮節，歌雅頌，
> 彈琴瑟，崇仁義，祖絜白，追觀往古，通明數術，變是定非，已經
> 得失，身寧名榮，鄉人傳業：中士之所道，上士之所廢也。

觀其後文之述，此處「墨」乃修辭技法鑲嵌格之「配字」，〔註48〕並非《指歸》混漫儒墨二家義理分際。〔註49〕《指歸》對「儒」之敘述，符合客觀歷史事實（唯「通明數術」爲「漢儒」之特色），未見正面抨擊之筆，至多云「上士之所廢」而已。《指歸》所提出之「仁人」、「義人」、「禮人」，爲其分判系統下，其性爲仁、義、禮者，並非依準於自然無爲所表現出未有偏失之理想狀

〔註46〕「主若不仁，鬼若不神。主非不仁也，兼施博愛，德運六合而無阿憐也。」（〈治大國篇〉）此處《指歸》明確指出「聖人不仁」之義，並非決然否定仁，而是亦爲兼施博愛，然聖人無執於愛憐之中，所以看似不仁。

〔註47〕「禍」字衍。津逮本、學津本無。

〔註48〕「配字」，乃是在語句中用一平列而異義的字作陪襯，只取其聲以舒緩語氣，而不用其義，如：「禹稷當平世，三過其門而不入」（《孟子・離婁下》）之「稷」，即爲鑲嵌格之配字，「禹」方爲過門不入者。另外，配字往往藉正反的詞義構成委婉的語意，以避免直言指斥而傷人，使自己的話易爲對方所接受，如：「宮中府中，俱爲一體，陟罰臧否，不宜異同。」（諸葛亮〈出師表〉）最後一句如改爲「不宜有異」，便欠委婉。

〔註49〕蕭公權認爲，「漢人每以儒墨並舉，而二家思想亦偶相混。」（《中國政治思想史》，臺北：聯經，1982年，頁280）金春峰認爲，「墨子的天志、明鬼思想，以變相的方式融合在董仲舒的天人關係之中。」（《漢代思想史》，北京：中國社會科學，2006年2月增補第三版，頁4）以上兩位學者均指出漢代思想合流之特色，然《指歸》是否在儒墨並舉時相混二家之說，則未必然。從上文《指歸》引文可知，其僅意在表述儒家義理，且其述無「有意志之人格神」此部分，對於儒家義理之掌握，可能較漢代大儒董仲舒，更接近儒家義理。關於《指歸》對「儒」之論，需注意其是對「儒家」還是「漢儒」而發；嚴遵對於儒家思想之理解，甚可能異於時人，進而有開展儒道會通之可能。

態，而是此三者未明察自然無爲之義下，順乎其性之呈顯；〔註50〕《指歸・上德不德篇》中，若此三者位居君王之位，於「上仁之君」〔註51〕、「上義之君」〔註52〕處，只有描述之語，未有批評之辭，然卻對「上禮之君」進行不少批評，〔註53〕可見出《指歸》對仁義之人並非持全面反對之態度，對禮人爲君雖謙退辭讓而天下卻極易流於亂此點，方見《指歸》明確之反對立場。由《指歸》對影響甚大的一國之君「上仁之君」、「上義之君」都未見苛責之

〔註50〕 郭象亦有相似之見解：「夫仁義自是人之情性，但當任之耳。」（〈駢拇・注〉）、「夫仁義者人之性也。人性有變，古今不同也。故游寄而過去則冥，若滯而係於一方則見。見則偏生，偏生而責多矣。」（〈天運・注〉）郭象將儒家仁義收攝於性分論下，其性是落在特殊性上說，偏落於氣質之性，亦與孟子仁義之性有別。戴璉璋指出：「視仁義爲天賦情性，屬於自然之和，並非郭象的創見，魏晉玄學家中，王弼、嵇康都有這樣的看法。在他們心目中，老、莊本也如此。所以郭象的自然觀可以說是遙契老、莊，近承王、嵇的。依郭氏之意，自然即依循己之天然秉賦而然，天然秉賦得之於天，有其不得不然的自動性，也有其不可妄爲的純素性，還有其自然和諧的自足性。」（氏著《玄智、玄理與文化發展》，臺北：中研院文哲所，2003年6月再版，頁266）嚴遵指出道德仁義禮此五性人同稟受於「道」，視仁義爲人之情性，與魏晉玄學家路數相同。

〔註51〕 「上仁之君，……觀微得要，以有知無，養生處德，愛民如子。昭物遭變，響應影隨，經天之分，名地之理。別人物之宜，開知故之門，生事起福，以益萬民。錄內略外，導之以親，積思（疑作「恩」）重原，以昭殊方。法禁平和，號令寬柔，舉措得時，天下歡喜。……老弱群遊，壯者耕桑，人有玄孫，黃髮兒齒。君如父母，民如嬰兒，德流四海，有而不取。」（〈上德不德篇〉）

〔註52〕 「上義之君，……察究利害，辨智聰明。心如規矩，志如尺衡，平靜如水，正直如繩。好舉大功，以建鴻號，樂爲福始，惡爲禍先。秉權操變，以度時世，崇仁勵義，以臨萬民。因天地之理，制萬物之宜，事親如奉神，履民如臨深。兼德萬國，折之以中，威而不暴，和而不淫。嚴而不酷，察而不刻，原始定終，立勢御民。進退與時流，屈伸與化俱，事與務變，禮與俗化。號令必信，制分別明，綱要而不疎，法正而不淫。萬事決於臣下，權勢獨斷於君。廷（津逮本、學津本作「延」）正以愼道，顯善以發姦。作五則，刻肌膚。敬元貴始，常與名俱，因節而折，循理而割。權起勢張，威震海內，去己因彼，便民不苛。」（同上）

〔註53〕 「上禮之君，……舉事則陰陽，發號順四時。紀綱百變，網羅人心，尊寵君父，卑損臣子。正上下，明差等，序長幼，別夫婦，合人倫，循交友。歸奉條貫，事有差品，拘制者襃錄，不羈者削貶。優遊強梁，包裹風俗，導以中行。順心從欲，以和節之，迫情禁性，防隄未萌。牽世繫俗，使不得淫。絕人所不能以（津逮本、學津本作「已」），強人所不能行，勞神傷性，事衆（怡蘭本作「重」）費煩，亂得以治，危得以寧。知故通達，醇惷消亡，大道滅絕，仁德不興。……謙退辭讓，天下不信；守柔伏雌，天下不親；懸爵設賞，賢人不下；攘臂執圭，君子不來。夫何故哉？辭豐貌美而誠心不施故也。」（同上）

辭，更何況是對於作爲個人存在的「仁人」、「義人」，《指歸》對此二者包容之態度，可得而見之。

　　確定了《指歸》對仁義之態度，吾人即可回頭釐清《指歸》如此詮釋道人、德人、仁人、義人、禮人之用意何在。《指歸》有言：「無爲無事，反樸歸眞」（〈善建篇〉）、「爲爲之爲者，喪眞之數也」（〈言甚易知篇〉），因此，吾人可將道人、德人、仁人、義人、禮人，依無爲、有爲而做出區分：道人、德人屬前者，仁人、義人、禮人屬後者。此五者雖其性皆眞，然「眞」之情形不一，如在仁義淺薄之時，僅靠禮支撐國家社會，「性命不眞」的情形即相當容易發生，失其本眞。依《指歸》之意，實皆肯定道人、德人、仁人、義人、禮人之存在，其爲不在位之人民時，各依其性命情意，安樂此生；然，「人之生也，懸命於君；君之立也，〔註54〕懸命於民。君得道也，則萬民昌；君失道也，則萬民喪。故君者，民之源也，民者，君之根也。根傷，則華實不生；源衰，則流沫不盈。上下相保，故能長久。」（〈天下有道篇〉）人民之安樂與國君息息相關（國君治國如風，人民隨之俯仰如草，因此，人民「懸命於君」之「命」應爲「遭命」，國君「懸命於民」之「命」應爲「隨命」），人民是否得終享天命，國君起一關鍵之因素，因此位居要津者，「禮人」位居「爲爲之爲者」之最末，「上禮之君」治國，民易失眞、亂由所出，《指歸》不許。因此，《指歸》云道人、德人、仁人、義人、禮人，皆樂長生、各愼情性，乃是就其作爲個體之存在而言，單就其「性」與「天命」、「隨命」來說，未將之置入君父天地所帶來的客觀限制（「遭命」）中論之。

　　性命何以失其本眞？乃因情意定執於徼向之上，離道遠德之故。《指歸》有云：

　　　　人之情性，不知而忠信，有知而誕謾；得意而安寧，失意而圖非；
　　　　窮困而輕死，安寧而愛身。（〈民不畏死篇〉）

　　　　道德變化，無所不生。物有高下，指嚮不同。趨舍殊繆，或西或東。
　　　　各推其性，以活其身。（〈以正治國篇〉）

此二則引文指出「知」之弊病與禍害。就其個人而言，人原本「意中空虛，如目之浮，如壤之休，不識仁義，不達禮儀。心不知欲，志不知爲。」（〈爲學日益篇〉）無知而能行忠信，有知反而失之，因「知」使人「見聞知病，合

於成事，不覩未然之變，故貴堅剛。」（〈道生一篇〉）。一般人見聞事物，以過去經驗知其有無缺陷罅漏，因此推崇永恆不變的剛強，也因而未能見未來情勢之變化（未然之變）；「知」使人懂得下分別、判斷，有「分」有「斷」，執著於過去「分」、「斷」所成就之事物（成事、已然之事）中，以爲此「知」具永恆性，殊不知此「知」或許適用於已然之事，卻未必合乎未然之變。《指歸》指出，人一旦有了對「知」之執著，對事物之期待若不合其心意，遂即欲以「知」思謀圖於非份之事，喪失忠信、本眞之質。《指歸》認爲，人之意向本就殊異（「指嚮不同」），各有取捨去就，發揮其性而存活其身，當不置可否；然倘若在各以其成心定見之情況下，眾人將動順其心、各推其「欲」，如此不僅不能存活其身，國家社會亦難得安寧。就其人君治國而言，其所爲之事，眾人皆知，並引作成事之顯例。人君之表現，影響人民甚鉅，留待後文述之。

「道人」爲《指歸》理想人格之依託。《指歸》有云：

> 達於道者，獨見獨聞，獨爲獨存。父不能以授子，臣不能以授君。猶
> 母之識其子，嬰兒之識其親也。夫子母相識，有以自然也。其所以然
> 者，知不能陳也。……得道之人，見之如子之識親，履之如地，戴之
> 若天。被之服之，體之如身。爲之行之，與之浮沉，與之臥起，與之
> 屈伸。神與化游，志與德運。聰明內作，外若聾盲，思慮玄[註55]
> 起，狀若癡狂。口不能言而意不能明也。（〈知者不言篇〉）

「達於道者」未必爲國君，體道而行即是「得道之人」。[註56]「道人」爲天性與「道」同，此乃就先天禀受而言；「達於道者」、「得道之人」此二者，吾人可不必爲之區分出先天禀受抑或後天修養得致，渾而言之即可。「道人」之內容，實與「達於道者」、「得道之人」無別，故此處引文可爲「道人」內容

〔註55〕津逮本、學津本作「互」。

〔註56〕〈知者不言篇〉中，將「得道之人」與「失道之人」對舉；若《指歸》「得道之人」即爲「道人」，是否德人、仁人、義人、禮人即被劃爲「失道之人」一類呢？且看〈知者不言篇〉對「失道之人」的敘述：「失道之人……見其外不睹其內，識其流不獲其源，秉其末不窮其根。然其所以然，不然其所不然。故道在於外不在於身。中主不定，守不固堅，心狐志疑，情與物連。聰明玄耀，以僞爲眞，若是若非，若亡若存。和氣易動，若病在人，陽泄神越，惡默好言。方言之時，心有所慮，志有所思，聰明並外，精神去之。音聲內竭，外實有餘，道德離散，日日遠之。」由上可知，「失道之人」爲只見其「有」不見其「無」者，「道」不在於身，以僞爲眞；與德人、仁人、義人、禮人乃爲不失性命本眞者，大爲不同。「失道之人」離「道」已遠，德人、仁人、義人、禮人雖未完全臻於大道之境，然離「道」未遠，不致於落入「失道之人」一類。

之闡明。「道人」得「道」卻未必有君位，人君有君位卻未必得「道」，〔註57〕唯聖人二者兼備。聖人爲性命素眞者，因其「性命自然，動而由一」（〈得一篇〉），而能「神平氣和，中外相保」（〈萬物之奧篇〉），故《指歸》謂聖人「以存性命，命終天年，保自然哉！」（〈善爲道者〉）聖人之生命如是，道人之生命亦如是。道人、德人、仁人、義人、禮人，皆性命不失其本眞，其中尤以「道人」爲性命「素眞」〔註58〕者，「性通無有」，「虛無無爲，開導萬物」，而與「清靜因應，無所不爲」之「德人」不同。需留意的是，「理想人格」（道人）與「理想政治人格」（聖人），吾人於思辨上需有所簡別，此二者於實際修養之內聖上二者雖無別，然於外王開展上有在位與否之異。

　　道人、德人、仁人、義人、禮人，此五人性命不失本眞；由《指歸》之述，已可見儒道會通之端倪。仁人、義人、禮人，或可稱之爲儒家義理之代表，若復與《指歸》論述上仁之君、上義之君、上禮之君之文並看，可以發現：《指歸》對於儒家形態之君主，並未全然否定，而是安置於上德之君與下德之君之下，作爲在位者猶未失其眞的君主形態表現，已可見其分判儒道義理高下之樣態。《指歸》將上德之君、下德之君視爲自然無爲之道德政治表率，以道人、德人爲道家學說之代表；《指歸》在釐定與儒家有別之「道德」義後，又將仁人、義人、禮人同樣繫於「樂長生，尊厚德，…道其所長，歸其所安」之關鍵環節上，使此五者具有共同交集，儒道初步會通之可能，從中得見。

第二節　修身與理國之貫通

　　漢代「天人同構」思想，可以董仲舒爲例，強調天之結構性組成與人之結構相符，人之結構受於天，人之所爲亦當相應於天；此思想不僅強調同質，更強調結構上之相同。《指歸》亦同樣具有「天人同構」思想，其「天」乃泛指形上諸位階，非專指天地之天。「天人同構」不僅意在天與人結構相同，更重要的是彼此間之「相應」。《指歸》有云：

> 上德之君，性受道之纖妙，命得一之精微，性命同於自然，情意體
> 於神明，動作倫於太和，取舍合乎天心。……下德之君，性受道之

〔註57〕〈天下有道篇〉有云：「君得道也，則萬民昌；君失道也，則萬民喪。」
〔註58〕「是故聖人，愼戒其始，絕其未萌，去辯去知，去文去言。虛靜柔弱玄默素
　　　眞，隱知藏善，導以自然。」（〈信言不美篇〉）聖人、道人體道，呈顯道之原
　　　貌，質樸無造作。

正氣，命得一之下中，性命比於自然，情意幾於神明，動作近於太和，取舍體於至德。……上仁之君，性醇粹而清明，皓白而博通。心意虛靜，神氣和順，管領天地，無不包裹。……上義之君，性和平正，而達通情，察究利害，辨智聰明。心如規矩，志如尺衡，平靜如水，正直如繩。……上禮之君，性和而情柔，心疎而志欲，舉事則陰陽，發號順四時。紀綱百變，網羅人心，尊寵君父，卑損臣子。（〈上德不德篇〉）

上德之君、下德之君可謂天人同構且相應之代表，人與形上者有緊密相應關係；上仁之君與之亦有相應，然不若前二者之緊密；上義之君、上禮之君與形上者之相應關係明顯與前三者有落差。從中可見出，《指歸》對於天人同構且相應之認同。結構之相同為眾人之必有，唯結構後之本質方為決定相應與否的重要關鍵。無性作為《指歸》形上義理間架之根本，因此人亦需藉無性以與形上者相應。上德之君至上禮之君，此五者即為無性由豐至寡分佈之光譜。在天人同構中，上德之君以體道者作為相應之理想人物，最能表現《指歸》義理之幽旨。在《指歸》中，「性」、「命」為人皆有之，乃「道」、「德」之稟授，為人之先天部分；上德之君「情意」、「動作」、「取捨」，操之於人的部分皆能入道而合道，異於其餘四者。「情意體於神明」、「動作倫於太和」、「取舍合乎天心」，皆意在表明，人之主體能動性與形上位階的相應。值得注意的是，《指歸》云「簡情易性」（〈上士聞道篇〉）、「性精命高，可變可易；性麤命下，可損可益」（〈道生篇〉），即說明操之於人的部分可以變異先天所得之性、命，亦透顯出《指歸》福德一致之思想。性命相連本身即可說是先天的福德一致，或可說為《指歸》之理論預設；「簡情易性」以後天修養來涵養「性」，使「命」連帶不同，可謂後天的福德一致，使修養論有其必要性。需說明的是，此處所說《指歸》之「福」並非專指官祿爵位等，而是以人之長生安樂為內容。

「取捨」本於「動作」，「動作」本於「情意」，又因《指歸》嘗云「因性而動，……謂之情。因命而動，……謂之意」（〈道生篇〉），「情意」實即本於「性命」。「性」自「道」來，「命」因「德」有，「德」又本於「道」；吾人或可仿《指歸》行文說之：「太和」為「本」、「神明」為「本之本」、「德」為「本本之本」、「道」為「本本本之本」。如此則形成以「道」為中心的差序格局，為形上之秩序，亦為形下所遵循。形上諸位階為形下之根本，在形上所構成

之結構——反映於人身外，亦反映於政治結構上；身國一體亦即形上諸位階之結構的仿本，人主居於「道」位而能以「不生之生」德流萬民。

一、由玄入道：聖人明有無以修身理國

嚴遵認為，聖人可藉由「審於反覆，歸於玄默，明於有無，反於太初」，以治身理國。玄理難知，嚴遵簡單扼要地說明其原則：「以有知無」、「以無應有」、「不滯有無」，即《指歸》之修養論。在玄之有無雙運下，以有知無、以無應有為修養之始；最後在不無不有的道中泯去工夫相，不滯有無。

（一）以有知無、以無應有

凡人所見皆為「有」，從「有」入手，可知其後另有「無」的存在，只是不可見聞：

> 上仁之君……觀微得要，以有知無，養生處德，愛民如子。（〈上德不德篇〉）

> 聖智之術……以有知無，由人識物。物類之無者生有，……見微知著，觀始睹卒。（〈道生篇〉）

> 以虛受實，以無應有，不以為大，務以為小，不以為尚，常以為卑也。（〈大國篇〉）

嚴遵認為從事物之微可以知道有「無」的存在，《指歸》中常有「何以效之」之語，即是對「以有知無」的實踐。嚴遵嘗舉「無鴻之鴻」〔註59〕為例，如剖鴻卵視之，鴻卵中只見雛形，並非鴻鳥，若以鴻鳥為有，鴻卵之雛形為無鴻之鴻，可知鴻鳥之前有無鴻之鴻，有生於無；如此不斷向上追溯，宇宙根源雖不可見聞（而謂之係「無」），但確實是「有」之端緒。既能以有知無，即能知有生於無，見微知著，對於人與物皆能洞察，然而以有知無並非究竟，待人處事則需以無應有，以卑小之姿態處世；見微知著是個人的明察，以無應有方為處世長生之道。嚴遵認為，以有知無只是知性之理解，以無應有方是德性之實踐，然而養生處德之時，亦需先以有知無，對於微小變化方能掌握得住，對於人物事情方能洞燭先機；以有知無、以無應有，二者不可偏廢。

〔註59〕《老子指歸‧指歸輯佚‧視之不見篇》：「夫鴻之未成，剖其卵而視之，非鴻也。然其形聲首尾皆已具存，此是無鴻之鴻也。而況乎未有鴻卵之時而造化為之者哉！由此觀之，太極之原、天地之先，素有形聲端緒而不可見聞，亦明矣。」（〔宋〕陳景元《道德真經藏室纂微篇》引）

（二）不滯有無

嚴遵言「以有知無」、「以無應有」，但仍非究竟，二者可說是工夫上的分解展示，並非玄理之究竟；以有知無、以無應有，容易執著於有無之上，或是成爲陰謀權術的運用。若是執意於以有知無上，容易只見機變，而未見大道；若是執意於以無應有上，容易成爲法家之術，而德亦不純。嚴遵認爲不應執於有無之上，而應游於有無之際：

> （聖人）居無之後，在有之前，棄捐天下，先有其身，養神積和，以治其心。（〈上士聞道篇〉）

> 及至解心釋意，託神清靜，形捐四海之外，遊志無有之內，心平氣和，涼有餘矣。（〈大成若缺篇〉）

聖人以自然因應變化；自然之道即有無相反相生而有變化，聖人面對變化，即應以自然處之，不無不有，不執於任一方。《指歸》認爲此不無不有，能解心釋意、常保其身，聖人爲無爲、事無事，游於無、有之際，無心於天下和身形，卻能全活萬物，百姓安樂，天下太平，聖人亦安其身心。不無不有可作爲一修養工夫，能養神積和、心平氣和，凡人以爲有無既爲宇宙生成變化之據，吾人即受有無所限，以爲已有命限，然嚴遵藉不無不有的修養工夫，指出雖有命限，但卻可變易，並非無可損益：

> 情達虛無，性通無有，寂泊無爲，若無所止。（〈天下謂我篇〉）

> 性精命高，可變可易；性麤命下，可損可益；若得根本，不滯有無。
> （〈道生篇〉）

性命之精粗高下，爲人們執爲定限者，無論是從氣數還是從有無說，人們都是受所稟受者決定；《指歸》承認性命有精粗高下，但卻是可以損益變易的，若是明白有無相反相生變化之理，不滯於有無觀念帶來的意底牢結（ideology），則「性通無有」，既使情是「因性而動，接物感寤，愛惡好憎，驚恐喜怒，悲樂憂恚，進退取與」（〈道生篇〉），性情皆是淡泊無爲，無所執定，這才是得「道」之根本。「道」爲絕對虛無，本已非相對虛無，執於無則無義盡失，執於有則更是大失其旨；不無不有，不滯有無，若無所止，當下見道，玄達萬事，方可云「因道而動，循一而行」（〈得一篇〉）。聖人養生處德，以此理治身理國，同歸無名之教。

聖人以一己之修身而能使天下太平安樂，乃因在不滯有無中，泯合了有無觀念，得道之根本，遂能對萬事萬物之變化了然於心。以有知無、以無應

有，雖是道的部分呈現；不滯有無，在聖人身上體現了道，方爲全體圓滿的朗現。逐步體現，無損其本質，常人可由此入手，直至「道」之全體朗現；「聖人操通達之性，遊於玄默之野」（〈知不知篇〉）、「性通無有」，才是圓滿朗現的理想人格。

二、玄德：與道周密之上德

《指歸》有云：

> 一者，道之子，神明之母，太和之宗，天地之祖。於神爲無，於道爲有，於神爲大，於道爲小。其爲物也，虛而實，無而有，圓而不規，方而不矩，繩繩忽忽，無端無緒，不浮不沉，不行不止，爲於不爲，施於不與，合囊變化，負包分理。（〈得一篇〉）

> 夫赤子之爲物也，知而未發，通而未達，能而未動，巧而居拙。生而若死，新而若弊，爲於不爲，與道周密。生不生之生，身無身之身，用無用之用，聞無聞之聞。（〈含德之厚篇〉）

在《指歸》中，「德」（「一」）常藉由「A 而（–A）」、「A 而不A」、「A 於不 A」等表現形式呈顯，如「虛而實」、「圓而不規」、「爲於不爲」等。「自然」爲「不無不有，乃生無有」，「自然」以「不生之生」所生之「無」、「有」，一無一有，一反一覆，「有無反覆」爲「玄」，故使「玄」有如此之表現形式。「德」亦爲「道」所生，雖非「不無不有」、「虛無無爲」、「不施不與」，[註60]卻亦是「虛而實，無而有」、「爲於不爲」、「施於不與」，然卻可藉由如此之方式體現「道」之內容，將「道」之「不生之生」、「無身之身」、「無用之用」，藉由其「A 於不 A」的表現形式呈顯出「道」本難令人得以見聞之內容。這樣的「德」是「生不生之生，身無身之身，用無用之用，聞無聞之聞」，藉由「爲於不爲」的方式，達至「與道周密」。與「道」相契之「德」，乃「上德」，與「下德」有所區別：

> 上德之君，體道而存。神與化倫，德動玄冥。天下王之，莫有見聞。
> 德歸萬物，皆曰自然。下德之君，體德而行。神與化遊，德配皇天。
> 天下王之，或見或聞。德流萬物，復返其君。（〈上德不德篇〉）

《指歸》於《老子》三十八章之「上德不德，是以有德。下德不失德，是以無德。上德無爲而無以爲，下德爲之而有以爲」，以論述「上德之君」、「下德

〔註60〕 〈方而不割篇〉有云：「道不施不與而萬物以存」。

之君」，區別了「上德」、「下德」二者。《指歸》認為，「上德」乃「體道而存」、「德動玄冥」，「下德」乃「體德而行」、「德配皇天」，二者所體之者有別，致使一不德而為上德、一不失德而為下德。關鍵即在於：「上德」雖亦為「Ａ於不Ａ」的表現形式，卻明白掌握「道」之「不無不有」、「虛無無為」、「不施不與」其義何在；「下德」亦以「Ａ於不Ａ」作為表現形式，卻執陷於此形式之中，未能更進一步去其執而臻於大道。因此，「上德」乃「天下王之，莫有見聞。德歸萬物，皆曰自然」；「下德」則是「天下王之，或見或聞。德流萬物，復返其君」。「上德」汰盡所執，不僅「為於不為」，吾人亦難見聞其跡，而將其生化之德歸於萬物自身；「下德」僅依準「為於不為」的表現形式，卻未能進一步得大道之旨，遂未能與「道」周密，而能讓吾人猶有見聞，知其生化之功應歸屬此君，故為「下德」。

簡別「上德」、「下德」後，吾人可以發現：《指歸》之「德」可呈顯出兩種情形，一為與「道」周密之「德」，一為著重於有無反覆此表現形式之「德」。上文提及「上仁之君……靚微得要，以有知無」，表明「上仁之君」能「以有知無」，卻未能更進一步掌握「無」以應「有」；「下德之君」除能「以有知無」，亦能「以無應有」，然未至「不滯有無」之境；唯「上德之君」與「道」相入，「不無不有」而能「游於無、有之際」。由上可知，「以有知無」、「以無應有」此二入路僅能表現出著重於有無反覆之「德」（「下德」），猶有分解之跡，雖與「道」相近，卻只能呈顯「道」之部分；「不滯有無」將「以有知無」、「以無應有」渾化之，冥去「無無之無」而為「無無無之無」，遂能以「不生之生」生「德」（「上德」），豁顯「道」之內容。

《指歸》認為天地萬物「性命自然，動而由一」（〈得一篇〉），「為之以反」（〈得一篇〉），為於不為；《指歸》亦認為「一」乃「通達無境，為道綱紀」〔註61〕（〈道生一篇〉），因此，天地萬物「因道而動，循一而行」（〈得一篇〉），即可藉由「為於不為」而通達大道之境，與「道」相入。因「道」而動，為與「道」周密之有無反覆，謂之「玄德」。〔註62〕何謂「玄德」？《指歸》有云：

> 昔之帝王，經道德、紀神明、總清濁、領太和者，非以生知起事，
> 開世導俗，務以明民也。將以塗民耳目，塞民之心，使民不得知，

〔註61〕此亦即「一為綱紀，道為楨榦」（〈得一篇〉）之義。
〔註62〕〈勇敢篇〉有云「一反一覆，或為玄德」。

歸之自然也。……廢棄智巧，玄德淳樸，獨知獨慮，不見所欲，因
民之心，塞民耳目。不食五味，不服五色，主如天地，民如草木。……
觀智識愚，與道同符；知愚知智，與道同旨。政教由之，或病或利。
明於病利，太〔註63〕平自至，明於利病，萬物自正。是故，愚智之
識，無所不克，〔註64〕清天〔註65〕寧地，爲類陰福，眾世〔註66〕莫
見，故曰玄德。玄德深矣，不可量測；遠矣，不可窮極；與物反矣，
莫有能克。玄德之淪，罔蕩輓逎，恍惚無形，反物之務。和道德，
導神明，含萬國，總無方；六合之外；毫釐之內，靡不被德蒙仁，
以存性命，命終天年，保自然哉！（〈善爲道者篇〉）

上德之君「不德是以有德」，《指歸》謂之「玄德」，德歸萬物，皆曰自然。「玄
德」乃是因主體「爲於不爲，與道周密」，而有「生不生之生，身無身之身，
用無用之用，聞無聞之聞」如此之呈顯。吾人可如此說：「玄德」繫於「道人」、
「上德之君」、「聖人」，而不繫於「德人」、「下德之君」。「玄德」與「道」同
符同旨，皆依歸「自然」之故。因此，「不無不有」之「不滯有無」成爲《指
歸》義理中心支柱，通貫其他相關義理，撐起《指歸》所言之形上世界與天
地人物，而以「一」之有無反覆爲變化之由，萬物「動而由一」；難怪乎《指
歸》謂「一爲綱紀，道爲楨榦」（〈得一篇〉）。萬物動而由「一」，此「一」既
與「道」周密，亦即是「玄德」。

　　前文嘗云「玄」不與「道」同時出現，何以此處又將二者牽連一起？上
文指出《指歸》之「德」可呈顯出兩種情形：一爲與「道」周密之「德」（「玄
德」），一則爲著重於有無反覆此表現形式之「德」（「玄」）。「玄」與「玄德」
應於義理上做出更明確之區分；吾人已知「有無反覆」爲「玄」，《指歸》中
「玄」之發用多以「一」來表現：

是以君子，動未始之始，靜無無之無，布道施德，變化於玄。怒於
不怒，言於不言，攻於不敢，守於無端。……是以聖人，心默而不
動，口默而不言，目默而不視，耳默而不聽。動如天地，靜如鬼神，
不爲而成，不言而信。……危於不危，亡於不亡，昭然獨見，運於

〔註63〕「太」本作「大」，王德有據怡蘭本、津逮本、學津本改，今從之。
〔註64〕津逮本、學津本作「免」。
〔註65〕「天」本作「淨」，王德有據怡蘭本、津逮本、學津本改，今從之。
〔註66〕津逮本、學津本作「庶」。

無形。（〈爲無爲篇〉）

「未始之始」、「無無之無」所指皆爲「一」（「德」），能使之「動」而開始、使之「靜」而虛無者爲「道」。〔註67〕君子「布道施德，變化於玄」，此「玄」如何呈顯呢？「玄」以「A而不A」、「A於不A」的方式表現，與「德」之表現形式看似無所分別。「玄」與「德」表現形式相同，然內容有所不同：「玄」僅就表現形式而成其自己，並無實質之內容，如〈勇敢篇〉所云「一反一覆，或爲玄德；一覆一反，或爲玄賊」；「德」與「玄」有相同的表現形式，但「德」與「生」密切相關，在《指歸》中，或作爲形上位階（存有義），或作爲德性境界（實踐義），能「生不生之生」，體現「道」之內容。〈爲無爲篇〉之「君子」〔註68〕所指涉者，或爲「聖人」（在位），或爲「道人」（不在位）；然皆可見出君子「布道施德，變化於玄」之表現，怒於不怒、言於不言，有對「德」之形上位階與德行境界二義之體現，且乃是於與「道」相入之情況下而顯。因此，「玄」之發用雖多伴隨「一」（「德」）出現，吾人仍可對二者進行區分：與「道」周密者，其德所指即爲「玄德」；吾人可以「有無反覆謂之玄」稱之者，實僅具表現形式義。前文嘗以「『德』之『玄』」〔註69〕指稱「有無反覆謂之玄」，即偏指有形式亦有內容之「德」其形式義；然「玄德」則不同，乃與「道」周密之「德」，不德是以有德，兼具表現形式義與表現內容義，表現「道」之「不無不有」（具普遍形式義）與「無所不有」（具普遍內容義）。「道」並不與萬物隔絕，由「玄德」所呈顯的「神與化倫，德動玄冥。天下王之，

〔註67〕 〈道生一篇〉有云：「無無無始，不可存在，無形無聲，不可視聽，稟無授有，不可言道，無無無之無，始未始之始，萬物所由，性命所以，無有所名者謂之道。」

〔註68〕 「君子者，有土之君也。」（《老子指歸・指歸輯佚・佳兵篇》，〔唐〕強思齊《道德眞經玄德纂疏》引）在《指歸》中，「君子」未必即爲「聖人」或「國君」之另一代稱。觀《指歸》「君子」一詞之用，應意指治理一地百姓者，或爲一鄉，或爲一國，隨文而定。如：「（上禮之君）攘臂執圭，君子不來」（〈上德不德篇〉）、「聖人之下，朝多君子。」（〈萬物之奧篇〉）即是將「國君」與「君子」相對，非指「聖人」；又如：「治之於鄉，則睹綱知紀，動合中和，名實正矣。……百姓和集，官無留負，職修名榮，稱爲君子，常有餘德，沒身不殆。」（〈善建篇〉）此「君子」乃治鄉者，並非「國君」。

《指歸》中之「君子」，雖未必意指「國君」，然可見其或多或少帶有理想政治角色的味道於其中，較《指歸》中「人主」、「人君」二詞，更具理想義。因此，《指歸》往往在論述君子之行後，隨後帶出「是以聖人」如何如何之語，可見「君子」雖未必能直截等同於「聖人」，然有修養內容上之高度相似性。

〔註69〕 參見本文第三章第二節〈「道」與「自然」〉。

莫有見聞。德歸萬物，皆曰自然」，即可明白，「道」之生物即為「玄德」，萬物受有之而無察焉（不德是以有德謂之玄德）；萬物謂其「自己如此」之「自然」，與大道「不無不有」之「自然」，語意上雖有別，義理上實相契相通。

「玄德」之觀念，及與「玄」之區別，可藉下圖釋之：

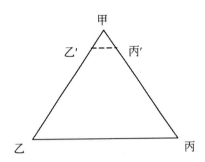

此三角形中，甲為道、乙為無、丙為有，乙丙連結而成之線，吾人且稱之為「玄」；乙丙與乙´丙´相互平行，因於玄中呈顯「和」之狀態。在形式上來說，乙丙反覆而為玄；在內容上來說，乙´丙´較乙丙更接近道，而在形上位階中較高，內容表現上於道相近。將乙´丙´更往甲推進，在甲乙´間，取無限分割下與甲最接近之一點，在甲丙´間亦然，二點所連結之線即「與道周密」之「玄德」。附帶一提，就修養歷程來說，乙丙與乙´丙´皆處於以有知無、以無應有之階段，主體層層上修，於甲處方臻不滯有無之境。聖人不滯有無，我道相入，方能妙運玄德。

《指歸》有云：「知足之人，體道同德，絕名除利，立我於無身。養物而不自生，與物而不自存。」（〈名身孰親篇〉）與上文「赤子之為物，……為於不為，與道周密。生不生之生，身無身之身，用無用之用，聞無聞之聞」一段相參，「無身之身」即為「體道」，「身無身之身」即為「同德」（玄德）。「知足之人」與「赤子」皆為「道人」之別名，「立我於無身」義同「身無身之身」，呈顯「道」之內容，「玄德」是也。於此亦可明白：「道」為「不生之生」、「無身之身」、「無用之用」、「無聞之聞」，與前文稱「道」為「無有之有」的構詞結構相符，可見《指歸》文字雖恍惚難明，然非全無脈絡可循。需注意的是，「玄德」雖係「為於不為，與道周密」者，為「體現」大道內容者，二者之義極為相近，然吾人仍須明白「玄德」為大道之「表現」（而與後文論及完全與道泯同的「玄冥」不同），於義理根本上從嚴論定之時，仍須區分開來，知其二者猶有略異之處。

三、各有其性，各守其分

《指歸》指出有道人、德人、仁人、義人、禮人之分，因其性異之故。性既有異，所司之職亦異；各有其性，各守其分，不得相干。

（一）「性分」觀念之提出

《指歸》云：

> 道德之生人也，有分；天地之足人也，有分；侯王之守國也，有分；臣下之奉職也，有分；萬物之守身也，有分。……動靜失和，失道之分；耕織不時，失天之分；去彼任己，失君之分；創作知[註70]僞，失臣之分；衣食不適，失民之分。失道之分，性不可然；失天之分，家不可安；失主之分，國不可存；失臣之分，命不可全；失民之分，身不可生。（〈人之飢篇〉）

> 道德之化，天地之數，一陰一陽，分爲四時，離爲五行，[註71]綸爲羅網，設爲無間，萬物之性，各有分度，不得相干。[註72]造化之心，和正以公，自然一概，正直平均，無所愛惡，與物通同。（〈名身孰親篇〉）

道德、天地、侯王、臣下、萬物均有「分」，此「分」含有「範軌」[註73]、「性分」、「職分」諸義，[註74]然此五者並非皆兼具此三義；[註75]「萬物之性，各有分度，不得相干」，此「分度」即表明範軌義與性分義，即未見有職分義於其中。君、臣、民均爲「人」，爲道德所生、天地所足；動靜耕織和

[註70] 怡蘭本作「私」。

[註71] 津逮本、學津本作「五行」。

[註72] 津逮本作「于」，依王德有校改。

[註73] 此範軌義實含有根源義（本體義）、普遍性，本文舉一以賅之。

[註74] 需注意的是，《指歸》殘卷中，從未出現「性分」一詞。吾人今說其「分」有三義，是從後人角度審視之：部分學者（如王德有）直截認爲《指歸》之「分」即「性分」，乃是以後律前。《指歸》所言「道德之生人也，有分」，此「分」即不應解爲「性分」，在嚴遵眼中，「道德」無「性分」可言。今以「分」之三義爲釋，廓清此惑。

[註75] 如「道德」不具性分義。《指歸》有云：「道德變化，陶冶元首，稟授性命乎太虛之域、玄冥之中，而萬物混沌始焉」（〈不出戶篇〉）、「我性之所稟而爲我者，道德也」（〈名身孰親篇〉）、「性命自然，動而由一也」（〈得一篇〉），「道德」使除自身之外者，皆具性分義；「道德」本身無「性分」可言。「道德」處「虛之域」，而與「無之域」者（神明、太和）有別。

時，爲君、臣、民得安立之基礎。「分」之範軌義（亦即「應然之理」），即以是否合乎自然無爲爲範軌，道德、天地、侯王、臣下、萬物均應守之。此「分」之範軌義有必然性，卻無強制性，因此有「失分」之可能。需注意的是，「人」有範軌義與性分義，未必即具職分義；個人參與了「群體」生活，有君臣民之別，方有職分義。性分與職分無必然關係，如道人未必即爲聖人，然聖人必有道人之性分；在理想狀態下，〔註76〕職分依從性分，性分依從大道，性分爲職分之充要條件，有之必然，無之必不然。道德具範軌義而無性分義、職分義，天地具範軌義、性分義〔註77〕而無職分義，君、臣、民則兼具範軌義、性分義、職分義。此三義乃分別以「理則」、「個人」、「群體」，說明「人」此存在之不同面向。理則之範軌義，即合乎「道」與否，爲道家本有之義。個人之性分義與群體之職分義，此二者在《指歸》的理想政治中，幾乎無所區分（道人未必居君位，即爲例外）；然「失分」之因，究其實往往即在於個人失卻理則之範軌義，致使性分義與職分義相分離。此爲《指歸》有別於先秦道家之處。《指歸》此處即隱含道化政治爲群體回歸大道之義；如以魏晉玄學開展之，即「自然名教之辨」。

在本體宇宙論下，道德以「生」爲開展，自然無爲於「生人」之上；以「分」說之，亦即表明本體宇宙論的開展，在嚴遵眼中是有其必然性的。道德生物，無心無爲，其生物之必然性，實爲順其自身之內容開展而來。至於「性分」觀念之提出，乃於原則性的範軌義外，有另一具體性的範軌；道人、德人、仁人、義人、禮人除理應守「道」之外，其行爲易受此具體性範軌之影響。然，理則之範軌義實統攝個人之性分義，性分義猶可因主體修爲而損益變化；「簡情易性」一語即意在說明此義。劉爲博認爲，「指歸以實際的比喻，縮小限制了『分』概念定義的範圍，側重『職分』的意含，而傾向於描

〔註76〕「以道爲父，以德爲母，神明爲師，太和爲友。清靜爲常，平易爲主，天地爲法，陰陽爲象。日月爲儀，萬物爲表，因應爲元，誠信爲首。殊分異職，繩繩玄默，引總紀綱，舉大要而求之於己。」（〈治大國篇〉）此處之論即以範軌義統攝性分義、以性分義統攝職分義。在以道德爲父母之理想狀態下，性分不同而職分亦不同，因吾人以理則之範軌義規範自身（「繩繩玄默，引總紀綱」），使吾人職分依從於性分（「殊分異職，……求之於己」）。

〔註77〕「天之性得一之清，而天之所爲非清也。無心無意，無爲無事，以順其性；……地之性得一之寧，而地之所爲非寧也。無知無識，無爲無事，以順其性。」（〈得一篇〉）天地之性分義受範軌義規範，因而其性得以清寧。性分義帶有「特殊性」，而與範軌義帶有「普遍性」有別，如「天」之性爲「清」、「地」之性爲「寧」。

述天道在人世的功能效用」；〔註78〕然參諸《指歸》：「守分如常，與天地通。損己餘分，與道俱行。」（〈人之飢篇〉）此「分」顯然偏重於性分義得與範軌義相通，職分義並非《指歸》之首要考量，而是隨後連帶而出的。劉氏以為《指歸》重「職分」、輕「性分」，實乃以黃老學說論《指歸》之「分」，強調以道為術之義，卻忽略了《指歸》以修養論為主之相關立論。性分義前通範軌義，後通職分義，表現了人之主體能動性；人如何對待其性分，方為與道通同之關鍵，並非抬頭想望著形上大道或欲居社會何種地位。《指歸》以性分義統攝職分義，蘊含著魏晉玄學之議題；《指歸》承先啓後之地位，由此亦可見一斑。

（二）聖知有性，治之有道

《指歸》有云：

> 不爭之德，因人之力，與道變化，與神窮極。唯棄知者，能順其則。
> 故王事自然，不得妄起，得之全命，持之有理。聖知有性，治之有
> 道。失其理則王事不成，失其道則性情不則。（〈江海篇〉）

> 去取有分，無所憎愛，留柔居弱，歸於空虛，進退屈伸，常與德俱。
> 為道先倡，物以疏瞿，受多者聖智，得少者癡愚。故神明聖智者，
> 常生之主也；柔弱虛靜者，神明之府也。（〈生也柔弱篇〉）

《指歸》認為，聖智（聖知）來自於稟性，治世需依於大道。聖人得道而行，性情受大道之簡則，聖人憑其聖智以有知無、以無應有；若人君失道，玄教失其作用，百姓性情不則，國家王事不成。聖知即棄知，簡情易性，自覺地棄知（見聞之知）而能有聖知（大道之知）。吾人已知「性命」動而為「情意」，聖知以「道」為其所知，「情意」雖動與「物」相接，卻不執於「物」上，免卻「欲」之「結而難解」。就《指歸》而言，由於「道德」連用，「性情」亦連用，聖人亦有接物取捨，故聖人亦有情，而聖人之情乃無情之情；「去取有分，無所憎愛」即無情之情，此情以道為律則，「留柔居弱，歸於空虛」，故聖人之取捨進退，「常與德俱」。關於「聖知」，《指歸》又云：

> 反本歸根，離末去文，元元始始，寡以然眾，一以應萬，要以制詳，
> 約守真一，謂之少聞。少聞故能知。何謂知？達人之情以及神明之

〔註78〕劉為博《嚴遵《老子指歸》研究》（臺灣師範大學國文所碩士論文，陳師麗桂指導，2000 年），頁 110。

謂知。知者，保身之數，全國之具也；上之所依，下之所附，導天
之經，達道之路也。故總安危之大範，秉治亂之至要，使海內之士，
盡忠竭能，分職奉公，以寧其上，權勢流行，威德隆盛者，知也。(〈信
言不美篇〉)

聖人之知，所知者何？聖知乃「一以應萬，要以制詳」、「達人之情以及神明」；
前文嘗云：「神明聖智者，常生之主也，柔弱虛靜者，神明之府也」，聖人之
情為無情之情，使神明長存，通於自然，故能通達百姓之情與神明，修身理
國一體。海內之士因聖知而不離其性分，「盡忠竭能，分職奉公」，守其職分
而使國家得安。聖知之達情乃因聖人之有情，性情得道德之則，動而不離道。
「聖知有性，治之有道」，聖人有情，保身全國。《指歸》有云：

上德之君，性受道之纖妙，命得一之精微，〔註79〕性命同於自然，
情意體於神明，動作倫於太和，取舍合乎天心。神無所思，志無所
慮，聰明玄妙，寂迫空虛。動若無形，靜若未生，功若天地，事如
嬰兒。(〈上德不德篇〉)

聖知從道性而來，所知者為「道」；聖人之「性」，動而為「情」，「情意體於
神明」。「人之情性，不知而忠信，有知而誕謾」(〈民不畏死篇〉)，然聖人「情
性自然」，〔註80〕聖人之性即內具聖知，順道而不失則。聖人之性分與道通同，
自然無為，以聖人之性分，引導群臣百姓之性各守其分，故《指歸》以聖人
為一國之心；詳見後文。

(三) 主默臣言，牧養萬民

聖人之性分既異於群臣百姓之性，職分亦有所不同。《指歸》認為：「治
之於天下，則主陰臣陽，主靜臣動，主圓臣方，主因臣唱，主默臣言。正直
公方，和一大通，平易無為，寂泊無聲。……不行而知，不為而成，功與道
倫，宇內反真，無事無憂，太平自興。」(〈善建篇〉)《指歸》此處將主、臣

〔註79〕依引文之說，此「命」應為「天命」(「所授於德，富貴貧賤，天壽苦樂，有宜
不宜」)。然《指歸》另一處又有「遭天之鴻命，繼先聖之後，貴為天子，富有
四海，爵尊寵極，莫與比列」(〈天下有道篇〉)之說；依此文語勢，似應為「遭
命」(「遭遇君父，天地之動，逆順昌衰，存亡及我」)，依此文內容所云之富、
貴，又似應為「天命」。關於聖人之命為「遭命」抑或「天命」，吾人未能明白
掌握《指歸》之意，且未影響對《指歸》大方向之理解，故存而不論。

〔註80〕〈萬物之奧篇〉有云：「名成而不顯，功遂而不有。情性自然，不以為取。將
以順道，不以為己。」

對舉，對照出二者所應爲之異；君臣各有其性，各守其分。

玄教之中，君臣所爲有異，於關係上爲相對待，然於義理上並非現象界之相對義。《指歸》有云：

> 王者興師動利則民欲，民欲而以方，方則割，以割爲方則邪者進而方者退，忠臣蒙其毒，萬民受其害。（〈方而不割篇〉）

> 割於不割，使民不訟。事情自達，萬物自通。莫之爲吉，莫之爲兇。天下蕩蕩，莫之其常。非不割也，割剝伐擊，誅驕制暴而無瘢創也。
>（同上）

吾人可參佐《指歸》另一引文來看：「聖人去力，去巧，去知，去賢。……空虛寂泊，若亡若存，中外俱默，變化於玄。無爲無事，反樸歸眞，無法無度，與變俱然。抱小託大，牧養萬民，方圓先後，常與身存。」（〈善建篇〉）《指歸》認爲，有欲之方乃以割爲方，將割裂原本圓滿俱足之大道，人民以爲有所執之方正才是德行方正，使邪辟之人得以僞裝、廣利祿之途，卻使眞正德行方正者不能位居臣位，臣民皆受以割爲方之害；唯有聖人守其「圓」（自然無爲），不興師動利，去利、巧、知、賢，使「方」受「圓」之潤，無欲之方行於萬物卻不割裂萬物本性，能夠「使正玄起」，〔註81〕使禮樂法度不顯其分殊，用之而不割裂民性。「割於不割」，意即：制度帶來之秩序性爲《指歸》肯認，化制度於無形並非否定制度，而是「以無應有」，使「有」受「無」之潤，「有」於「無」中表現本有之性，制度「自正」而可爲吾人所用。「割於不割」即「爲於不爲」、「爲之以反」思想的另一種表述，只是其中帶入「方」、「正」之義，〔註82〕突

〔註81〕 「是故，夷道若類，使正玄起，除其法物，去其分理。從民之心，聽其所有，減其文章，平其險阻。折關破鍵，使姦自止，壞城散獄，使民自守。休卒偃兵，爲天下市，萬方往之，如川歸海。德如谿谷，不施不與，不愛不利，不處不去。無爲而恩流，不仁而澤厚，長育群生，爲天下母。大白青青，常如驚恐，無制而勢隆，無寄而權重，德交造化，於天下爲友。出白入黑，不爲美好，逐功逃名，乃長昭昭。」（〈上士聞道篇〉）此一引文甚能表示「玄教」所展現的奇妙功效，禮樂法度皆得其用，用於無形，方而不割，人民自正。由於玄教「無」之面向代表的「圓」爲人君，「使正玄起」，去人民之分別心，回歸素樸，聽其本性，使玄教得以可能。

〔註82〕 《指歸》實於其中帶入「直」、「方」、「正」三義。《指歸》有言：「去爭以直，使下自尅。肆於不肆，使民自伏。匡邪振亂，化淫矯俗。莫之爲禍，莫之爲福。天下荒荒，萬物自得。非不肆也，舉正揚直，表過章惡，貶邪削枉，明人之失，天下盡正而動無聲也。」（〈方而不割篇〉）此處除爲「臣下爲方」此思想的再次表述外，《指歸》似以「天圓地方」之觀念（此「天圓地方」除有

顯了玄教在國家治理與社會教化上之功效。需說明的是，「主圓臣方」之「圓——方」乃為「君——臣」關係相對待下所帶出來的，玄教「無」之面向所代表的「圓」，非形下世界有形之圓，亦非概念之方圓相對之圓，而是表達『『不方』而圓融不滯」之義，為一「絕對之圓」，具獨立性；「方」未臻絕對之境（可以是與他者相對，而未可說是與「絕對之圓」相對），縱然是「方而不割」之義，亦是待「絕對之圓」而後有，故於義理位階上來說，二者位階不同，實不相對。「絕對之圓」與「方而不割」之關係，實即「自然無為之道」與「玄德」二者之關係，「方而不割」為「絕對之圓」圓滿俱足內容之「呈顯」，此「呈顯」即「玄德」。換言之，人君為「絕對之圓」，臣下為「方」，「絕對之圓」所化之「方」即玄教所呈顯之「玄德」，「方而不割」即「玄德」之表現。此處亦再次表明《指歸》之聖人中心思想：玄德依於聖人而後有，臣下須待聖人之潤化而使其「方」不落入「以割為方」，故曰「方圓先後，常與身存」；此「身」即「聖人之身」。《指歸》身國一體說可明矣。

第三節　玄教：道化政治之展現

〈聖人無常心篇〉指出：「世主無為，渙如儼容，[註83] 天地為爐，太和為橐，神明為風，萬物為鐵，德為大匠，道為工作，天下青青，靡不潤澤。故能陶冶民心，變化時俗，上無不包，下無不克，成遂萬物，無不斟酌。感動群生，振駭八極，天下芒芒，不識美惡，玄效昧象，自成法式。」《指歸》此段敘述，以文學譬喻的手法，給予吾人對道化政治一具體的想像：世主得道，虛無無為，開導萬物，如大匠打鐵作工，引風動橐，冶爐中之鐵般，陶冶民心；萬物群生，無知無欲，自生自正，天下萬物受主之潤澤，於不知不覺中效法大道，而如植物蔥鬱盛茂般具有生命力地生長著。《指歸》正面描繪了一幅道化政治的圖像，天下受澤，民心素樸；於道化政治中，聖人「虛無以合道，恬泊以處生，時和以固國，玄教以畜民。養以無欲，導以自然，贈以天地，賜以山川。富以年歲，貴以有身，虞以無憂，寧以無患。無欲之不

哲思義理於其中外，亦為《指歸》天體地理之空間觀）套於「主圓臣方」上，故《指歸》對玄教「有」之面向或臣下之述往往帶有《易》坤道之義，以「直」、「方」、「正」論之，復以充滿道家思想之「圓」潤化之，其義理歸宗仍是《指歸》別出心裁之哲思，而與《易》有別。

〔註83〕怡蘭本、津逮本、學津本作「客」。

得，無樂之不存，民若無主，主若無民。亡於知力，〔註84〕依道倚天，萬國和順，并爲一君。是事之盛而業以隆者也，而天下謂之不然。」（〈言甚易知篇〉）聖人以自然無欲畜養人民，使人民安業樂生，不以知崇，使人民入於道化，惘若無君，玄德是矣。道化政治以「玄教」畜民、牧民，〔註85〕使民徜徉自然，無樂不自得。

　　此世主無爲的道化政治，也反映了《指歸》「聖人」即「聖王」此思路。由《指歸》對道化政治之述，可見政治生活仍爲人類所不可避免，而君主所爲之所以能影響人民，其因即在於人民能受君主影響。何以明之？由於民心對其身軀、行爲，具有某種程度之主動能控性（非絕對主動能控，有命在焉），因「知」而自決行爲：「知於不知」則其行合於「道」，「知於知」則其行偏執一隅，離「道」而不自知；「爲無爲」則有無雙面皆得明，「爲有爲」則失整體觀照。《指歸》認可「童蒙」與「知於不知」，認爲自「童蒙」出走之「知」，偏執於「有」，一往不返；「知」風既起，即便處於童蒙之民心，亦甚易受環境薰習而得「知」；久矣，積習甚深，唯有憑藉因在位而動見觀瞻之君主，鎮以無知（以無應有），使民知人君不欲於知，使知焰不熾，此君《指歸》謂之「下德之君」（人民仍知其君不尚知，仍將生化之德歸屬其君）；更甚者，冥去鎮以無知之跡，方能自根本泯去「知」障，《指歸》謂之「上德之君」。「上德之君」作爲聖人，其修養工夫如採分解步驟說之，爲「以有知無」、「以無應有」；工夫達至圓通之際，吾人未可見分解之工夫，不滯有無，故難見聞。「不滯有無」爲聖人必達修養之境，餘者則未必需與聖人有相同境界：聖人體「道」而使臣民不溺於「知」，然「不溺於知」非使臣民皆摒棄知識之知或皆與聖人同。「不溺於知」意在使臣民隨其「性」發展，有知無知皆無妨：賢人有知而其知得以正用，愚者（此處指無修養義者）無知而安於當下；賢愚各守其性，不因知欲而離其自身。賢愚安於各自之性，無須個個皆達「性通虛無」之境，家國同樣安寧。「上德之君」由「道人」任之，餘者是否爲「道人」皆無礙於《指歸》道化政治之理想；此乃《指歸》「聖人」即「聖王」思

〔註84〕怡蘭本作「忘於知力」。津逮本、學津本作「忘於智力」。
〔註85〕「（聖人）建道抱德，……空虛寂泊，若亡若存，中外俱默，變化於玄。無爲無事，反樸歸眞，無法無度，與變俱然。抱小託大，牧養萬民，方圓先後，常與身存。」（〈善建篇〉）聖人所抱者爲「德」，所託者爲「萬民」。聖人內心「空虛寂泊」，以「德」之「玄」爲「教」（教路），畜民、牧民，此即「建道抱德」、「抱小託大」之義。

路之所致，將道化政治的責任與可能性，全繫於一人之身，而形成聖人（聖王）中心之政治格局。〔註86〕

　　就常情而言，「下德之君」所採用之方法較「上德之君」更簡而易行，落實的可能性似乎亦比較大，「上德之君」冥去無爲之跡，對常人而言，似近乎天方夜譚；然《指歸》並不如此認爲，除提出「玄教」觀念外，並提出使「上德之君」教化實現之具體方案。《指歸》殘卷之存，以論述《老子》〈德經〉諸章爲最多，主要內容亦多在闡述玄教於具體落實上之展現，相形之下，形上世界之論述顯得少而恍惚；然欲明玄教深義，仍需對形上世界有一深刻掌握，形成學者研究《指歸》一大難題。本文自形上世界義理入手，至此可持已明義軌，探「玄教」之義。

　　就《指歸》整體義理推之，「玄教」應係以「玄」爲「教」（教路、教化之法；以佛家語說之，即爲「開權顯實」〔註87〕之「權」，亦即「法門」之義，爲一權用），而非以「玄德」爲「教」；若以「玄德」爲教，吾人則會面臨「教路實不顯」（玄德爲上德，故不顯教路）或落於「玄德亦不失其德」（認爲玄德爲一教路，既爲教路則需顯明，以使民得從）之困境。較合理的說法應是：《指歸》之「玄教」以「玄」爲「教」，以「玄德」爲「宗」；〔註88〕「玄冥」

〔註86〕王博認爲，《老子》以侯王爲中心論述（參見氏著《老子思想的史官特色》，臺北：文津，1993 年 11 月，頁 93～97）；劉爲博藉王博之說，認爲《指歸》亦有侯王中心之傾向（參見氏著《嚴遵《老子指歸》研究》，頁 93～94）。

〔註87〕「開權顯實」見於《法華經》，爲天台宗闡揚之說，認爲圓教應於教路上肯定九法界其假有之用，修行者即九法界而成佛。牟宗三承天台宗之見，認爲：「圓教所以爲圓教不是從涅槃本身說，而是從表達涅槃的方式圓不圓來判定。」（氏著《中國哲學十九講》，頁 321。）、「法華經主要的問題在於『權實問題』之處理。凡是分解說的都是權，而非分解說的才是實。如何處理權實的問題呢？照法華經所說，即是『開權顯實』，開是開決，決了暢通之義，……『決了』，……也就是將以前所說的一切法，作一個批判、抉擇，……『決了』爲的是化除眾生的執著與封閉，……權既然開決了，那麼當下即是實，所以說開權顯實。」（同上，頁 360～361。）關於天台宗「開權顯實」是否即爲「圓教」，吾人無意加以討論，而僅資取其處理權實問題之大義。

「開權顯實」之義在於對「權」（法門、教路、一切法）之肯定，未因顯實而離斷權用。吾人今以「開權顯實」之「權」謂《指歸》之「玄教」，意在表達玄教之特殊工具性，雖非究竟眞理，然可以其工具性而開回歸之路。換言之，「玄」於嚴遵《指歸》中並未取得完全之獨立性，是在「道」之下而有的一種開展，迨至其生揚雄之《太玄》，方取得本體之獨立地位。

〔註88〕此可牟宗三所云「以教定宗」說之。修行之教路乃「以有知無」、「以無應有」，教路之指引乃爲導向「不無不有」之境。說「有」說「無」都只是便於理解，

（「道」、「玄德」）為「玄」之歸宗。如以《指歸》書名說之，吾人以為：《指歸》乃以「玄」為「指」，以「道」為「歸」。〔註89〕以下即以「無」、「有」為玄教之二面向，析論之。

一、玄教之「無」

關於玄教「無」此面向，可由形上世界之「道」、「德」、「神明」、「太和」作為其理論基礎，以「無」貫串天人之際，使「君主」亦帶有「無」之特性。《指歸》常以此種論法溝通天人，使踐履具有國家社會意義的玄教，猶如個體藉自我修養回歸大道一般（修身理國一體之故），為其回歸大道尋一理論合法性。《指歸》有云：〔註90〕

> 道無不有而不施與，故萬物以存，無所不能而無所（不）〔註91〕為，故萬物以然。何以明之？夫道體虛無而萬物有形，無有狀貌而萬物方圓，寂然無音而萬物有聲。由此觀之，道不施不與而萬物以存，不為不宰而萬物以然。然生於不然，存生於不存，則明矣！（〈方而不割篇〉）

> 故治國之道，生民之本，皆為祖宗。是故，明王聖主，損形容，卑宮室，絕五味，滅聲色，智以居愚，明以語默，建無狀之容，立無象之武，恐彼知我，藏於不測。故未動而天下應，未命而萬民集，……。（同上）

> 故萬物玄同，天下和洽，浮沉軋軏，與道相得。若終而始，若亂而紀。虛而實，無而有，疏而密，遲而疾。無形影，無根朕，彷彿渾沌，莫知所以。獨知獨見，獨為獨不，變化無常，畜積無府。……

然此「指月」之「指」，必是指向其歸宗（「月」即究竟之理）。《指歸》「無之又無」的哲思方式，猶如融通淘汰之修養過程；《指歸》哲思所肯認之究竟，亦即其修養之完全（聖人之境）。「以教定宗」，意在於此。

〔註89〕《指歸》中除多處指出「道」為所歸外，由前文已明《指歸》之「道」以「生」字論述其本體宇宙論，《指歸》亦云：「生者，民之所歸也。」（〈善為道者篇〉）在《指歸》中，「善為道者」生民之德即為「玄德」，人民回歸生者亦即回歸大道，「安寧而愛身」（〈民不畏死篇〉），

〔註90〕《指歸》義理之行文，常常於一段話中反覆出現多項哲學觀念，觀念叢出現過於密集，且太多消解性文字，必需參佐多段同類型之行文，才能逐一簡別觀念叢中各觀念之別。因此，以下所引諸文，難免與前文引述處有所重疊。

〔註91〕王德有據津逮本、學津本刪，今從之。

冥冥宮宮，芒昧玄默。……自修有餘，故能有國。治人理物，子孫
不絕。夫何故哉？以其嗇也。（同上）

為嗇之道，不施不予，儉愛微妙，盈若無有，誠通其意，可以長久。
形小神大，至於萬倍，一以載萬，故能輕舉。一以物然，與天同道，
根深蔕固，與神明處。真人所體，聖人所保也。（同上）

「道」無所不有、無所不能、無所不為，然「道」「不施不與」，無為而無不
成；明王聖主「自修有餘，故能有國」，〔註92〕其「治國之道」，以「嗇」為
宗，而「為嗇之道」即「不施不予」。「嗇」與「道」之義相近，「盈若無有」；
聖人持「嗇」修身理國，因「嗇」而能自修有餘、能生化人民，藉「為嗇」
而回歸大道之故。《指歸》以「嗇」為修養論之實際工夫，將部分「道」之意
義灌注於其中，使「嗇」之義豐富甚許。聖人持「嗇」，使「萬物玄同」（無
去認知心帶來之分判執著），即因「嗇」扮演「玄同」中「虛而實，無而有」
的「虛」和「無」的角色，表現玄教「無」之面向，並以其為主，使「有」
與之混沌。〈方而不割篇〉中，自「道」「無所不有而不施與」論起，先論證
「然生於不然，存生於不存」，其後轉而論述「治國之道，生民之本，嗇為祖
宗」，人君藉「嗇」而使自身無性與「道」相通，以「嗇」溝通天人；人君以
「嗇」自修有餘，復以「嗇」治人理物，「建無狀之容，立無象之武」，於萬
物玄同中而不知所以之時，仍能「獨知獨見，獨為獨不」，但因「道」難以言
傳，遂歸「玄默」。人君是否體無，對玄教「無」之面向是否有人扮演，有決
定性之影響：「有無反覆謂之玄」，以「無」為首出，方能貞定「有」之徹向
性；若扮演「無」之地位者向「有」逐漸傾斜，「有」、「無」未能反覆往來，
「玄」無以成其自己，亦無「玄教」可言。「聖人持嗇」，為玄教得以證成之
一必要條件；「玄教」之論具聖人（聖王）中心之傾向，可見一斑。至於聖人
為「嗇」而能「一以載萬」〔註93〕、便於治國之說，《指歸》仍是縮合心、身、

〔註92〕　《指歸》認為「嗇則有餘」（〈出生入死篇〉），「自修有餘」亦即主體持「嗇」
　　　　　進行自我修養，能行之有餘以生民，故能有國。

〔註93〕　「為嗇之道，不施不予，儉愛微妙，盈若無有。誠通其意，可以長久。形小
　　　　　神大，至於萬倍，一以載萬，故能輕舉；一以物然，與天同道，根深蔕固，
　　　　　與神明處：真人所體，聖人所保也。」（〈方而不割篇〉）王德有認為「一以載
　　　　　萬」為「倒裝句，即『以萬載一』，用萬託載一」（氏著《老子指歸譯注》，北
　　　　　京：商務，2004年，頁198），釋「一以物然」為「一以物為樣式」（同上）。
　　　　　竊以為，「一以物然」意同「體道合和，無以物為，而物自為之化」（〈江海篇〉），
　　　　　「一以物然」乃因「無以物為」之故；若解為「一以物為樣式」，此「一」究

國三者，將「身──國」關係析爲「心──身」關係，以開展其說：

> 進道若退，亡道若存，欲治天下，還反其身。靜爲虛戶，虛爲道門，泊爲神本，寂爲和根，嗇爲氣容，微爲事功。居無之後，在有之前，棄捐天下，先有其身，養神積和，以治其心。心爲身主，身爲國心，天下應之，若性自然。（〈上士聞道篇〉）

> 聖人之牧民也，人主無爲而民無望，民無獲而主無喪也。其業易得而難失也，其化難犯而易行也，其衣易成而難弊也，其食易足而難窮也。故天下除嗜廢欲、樂生惡死者，皆重其神而愛其身，故形〔註94〕可制而勢可禁也。（〈民不畏死篇〉）

> 聖人去力，去巧，去知，去賢。建道抱德，攝精〔註95〕畜神，體和襲弱，履地戴天。空虛寂泊，若亡若存，中外俱默，變化於玄。〔註96〕無爲無事，反樸歸眞，無法無度，與變俱然。抱小託大，牧養萬民，方圓先後，常與身存。體正神寧，傳嗣子孫。德積化流，洋溢無窮，衰而復盛，與天俱終。（〈善建篇〉）

《指歸》認爲「欲治天下，還反其身」：就人君自身修養來說，「虛」、「靜」、「泊」、「寂」、「嗇」、「微」爲得「道」門戶，捐棄天下，治其心身，達大道

竟爲何？無論解爲「德」或「身」皆不諦當，故不取王氏之說。「體道合和，無以物爲」乃主體修養「自身」之語；準此，參於《指歸》另一引文：「盛德之人，敦敦悾悾，若似不足，無形無容。簡情易性，化爲童蒙，無爲無事，若癡若聾。身體居一，神明千之，變化不可見，喜欲不可聞，若閉若塞，獨與道存。」（〈上士聞道篇〉）吾人可知，身體爲「小」、爲「一」，神明爲「大」、爲「萬」（「神明千之」應解爲神明千倍於身體：千倍萬倍乃虛指，無須執實），「一以載萬」即形軀承載神明，治爲小之身而得爲大之神，其安易持，故曰「輕舉」；無須特意將「一以載萬」解爲倒裝句。吾人認爲以「身」釋此處之「一」，較以「德」釋之更爲諦當；此「一」僅是與「萬」相對之數目義之「一」，如同《指歸》「反本歸根，離末去文，元元始始，寡以然眾，一以應萬，要以制詳，約守眞一」（〈信言不美篇〉）之「寡」與「要」，說明本重於末，而非實指一特定哲思觀念；虛指之「一」，隨文判之爲宜。

〔註94〕津逮本、學津本作「刑」。

〔註95〕津逮本、學津本作「情」。

〔註96〕《指歸》中常出現「玄默」、「玄玄默默」等語，乍看之下不易明白其意；若參諸「中外俱默，變化於玄」此段引文，則豁然開朗：「中」指「心」，「外」指「身」，心身無心無爲（心身皆默），無一定法度可言，隨有無反覆之「玄」一同變化，順其自然；「玄默」係《指歸》「自然」、「無爲」義理的另一種表述，爲體「道」之表現（即「玄德」「不德是以有德」之具體表現），而非僅爲日常語意下之「不言」。可與後文「玄冥」之義並參。

之境，天下自附；就人君治民來說，人君不崇巧智有為之事，反樸歸真，以玄為變化法度，看似無法無度，皆因人君治其心身，無為無事而令人民無從觀望揣測，人民重神愛身（人民樂生惡死之重其心身，可以是出於人民自覺地治其心身，亦可是不自覺的，前文已明），人君防患未然則甚易。聖人「形小神大，至於萬倍，一以載萬，故能輕舉」，理國猶治身，其安易持，「抱小託大」（「小」指形軀，「大」指神明；「體正神寧」之意）而能牧養萬民，故曰「其業易得而難失也，其化難犯而易行也」。形軀為一（數目義，非指「德」），神明為萬，「一以載萬」，治聖人之身而神明茂盛，易得其業（意指「玄教」，亦即前文所謂「是事之盛而業以隆者也」；「玄教」雖易得易行，天下卻未能明其深意，致使「天下謂之不然」）、易行其化，國之治矣。

　　追根究柢，身國一體說得以可能，皆因於「玄教」以聖人（聖王）為中心，人君以「虛」、「靜」、「泊」、「寂」、「嗇」、「微」為得「道」之門戶（修身）、玄教「無」之面向（理國）；人君以「無」修養自身，達聖人「不無不有」之境，藉呈現玄教「無」之面向，以與玄教「有」之面向反覆往來，玄教餘論方得順利開展。聖人「為於不為，與道周密。生不生之生，身無身之身，用無用之用，聞無聞之聞」（〈含德之厚篇〉），前文已明「不生之生」、「無身之身」等為「道」，「生不生之生」、「身無身之身」等體現「道」者為「德」（「玄德」）；將之與「玄教」之說並看，則聖人達大道之境，為「不無不有」，其居於玄教「無」、「有」二面向之「無」（以「生不生之生」、「身無身之身」、「用無用之用」、「聞無聞之聞」居之），實乃聖人「建道抱德」之體現。此由「不無不有」之位自覺地移至玄教「無」面向之位的位移，可以《指歸》「道生一」此義理說之，亦可云：玄德「體現」大道內容，「道」與「玄教」藉「玄德」得以進行溝通，使「玄教」通向「道」得以可能，三者構成一緊密義理結構。《指歸》有言：「聖人……空虛寂泊，若亡若存，中外俱默，變化於玄。」（〈善建篇〉）吾人可知聖人於處事上，無心無為，隨有無反覆之「玄」一同變化；吾人或亦可引伸之（其引伸之理據為其身國一體說），云聖人達「不無不有」之境，而藉「玄」之有無反覆以行「玄教」。質言之，聖人乃藉「玄德」溝通「不無不有」之「道」與具有「無」、「有」二面向之「玄教」，身國一體說得以可能；「玄教」待聖人之起方得驅動，《指歸》以聖人（聖王）為中心，以其身為國之心，實有其理論上之必然性。〔註97〕

〔註97〕以「道」此本體驅動「德」之宇宙生成，而聖人修身理國亦如是：聖人為自

二、玄教之「有」

在玄教中，「有」之面向爲政治制度面之設計，強調人之職分與政治上實際運作和執行之內容。人君除居於玄教「無」之面向外，亦具「有」之面向，有其職分在焉。君臣有職，各守其分，共同推動刑名法術之用，以下分而述之。

（一）君臣有職

《指歸》有云：

> 是以明王聖主，正身以及天，謀臣以及民。法出於臣，秉之在君；〔註98〕令出於君，飾之在臣。臣之所名，君之所覆〔註99〕也；臣之所事，君之所謀也。臣名不正，自喪大命。故君道在陰，臣道在陽；君主專制，臣主定名；君臣隔塞，萬事自明。故人君有分，群臣有職，審分明職，不可相代，各守其圓，大道乃得，萬事自明，寂然無事，無所不剋。臣行君道，則滅其身；君行臣事，必傷其國。（〈民不畏死篇〉）

> 治之於天下，則主陰臣陽，主靜臣動，主圓臣方，主因臣唱，主默臣言。正直公方，和一大通，平易無爲，寂泊無聲。德馳相告，神騁相傳，運動無端，變化若天。不行而知，不爲而成，功與道倫，宇內反眞，無事無憂，太平自興。（〈善建篇〉）

人君虛靜玄默，居玄教「無」之面向；臣下則與之反矣，動且有言，居玄教「有」之面向。《指歸》認爲，臣下訂定「法」與「名」，文飾君令，屬有爲之事；此有爲之事乃爲使民安樂，意在生生。人君正心正身而與天道相合，專一於沈沈思謀劃臣下應行之事而使民事得遂：人君以自然無爲之內聖工夫行外王事業，認爲「『法』、『名』之定」與「君令之『飾』」爲臣下之事，將

然虛無之中心，使德流群生。

〔註98〕「好知，則民偽；主好利，則民禍；主好賞，則民困；主好罰，則民怨。何則？事由（津逮本作「出」）於主，行之在臣；賞出於主，財出於民；法出於主，受之在臣；主有所欲，天下嚮風。」（〈以正治國篇〉）吾人將引文此「法出於主」之義，綰合《指歸》大義說之：倘若「法」不是出於臣下而是出於人君，受約束的是臣下，臣下爲應對人君之約束，亦只能投其所好、虛應故事，而未能眞切盡其職分之事；人君事事親爲，人民藉人君所側重之事審度其意，明白臣下爲投君所好所可能有的種種行徑，藉之以得利避禍，故民偽不眞。

〔註99〕此「覆」雖有「稽考」之義，然並非意指人君明於查察，而是意在「審於反覆，歸於玄默，明於有無，反於太初」（〈得一篇〉），藉「覆」以化解「臣之所名」帶來的對「名」之執著，使「名」得其正用。

玄教「有」之面向交付臣下代勞，臣下之事皆爲人君理國之用（由此可知，玄教亦包容各類名物制度於其中，而非採取捨離之態度）；然人君謀而不爲，以玄教「無」之面向貞定「有」之面向，使之不只可爲理國所用，且能免卻運「有」所生之弊端。《指歸》認爲，君臣所行殊異，人君沉思謀劃、玄默不言、虛靜無爲，臣下則行君之所謀、動而有言有爲，二者各有其分、各司其職、各行其道，不可相代；若君行臣道，事事親爲、臣行君道，無所事事，國之亡矣。《指歸》以「靜——動」、「陰——陽」、「默——言」等，指出「君——臣」二者各自之職分，亦即玄教「無——有」兩面向所呈顯的政治角色之扮演；角色錯亂，玄教玄德亦不存矣。

　　臣下稽核「名」與「實」是否相符，此稽核亦是在順道之心、領君之意下而行之，並非爲崇知故、顯仁義而有。《指歸》有云：

> 正名以覆〔註100〕實，審實以督名。一名一實，平和周密，方圓曲直，不得相失。賞罰施行，不贏不縮，名之與實，若月若日。一名正而國家昌，一名奇而國家役。養國之密，無有所常，屈伸取與，與時俱行。（〈以正治國篇〉）

> 不識元首，不睹根本，誣天誣地，誣人誣鬼，屬辭變意，故謂之辯。抱嫌履疑，順心妄動，尚言美辭，故生不善。……不善之人，分道別德，散樸澆醇，變化文辭，依義託仁，設物符驗，連以地天，因生熊羆，世俗所尊，反指覆意，逃實遁名，耀人寂泊，惑人無端，廢直立僞，務以諂君，飾辭以愉其上，朋黨以趨主心，開知故之迹，閉忠正之門，操阿順之術，以傾國家之權，生息暴亂，生育大姦，天下上舌，世濁主昏，壅蔽閉塞，以之危亡者，辯也。（〈信言不美篇〉）

正名以符實，審實以督名，使名實吻合周密，國家昌盛；若臣下變化文辭，假借仁義而逞言辯（觀其前後文，似有意指「讖緯」之意），欺世盜名，以言辭諂媚人君，以朋黨趨附君意，臣下屬辭變意以謀私，致使天下崇尙言辭，國之危矣。《指歸》認爲，言辯（抑或「讖緯」）係不識根本、設物符驗、逃實遁名之事，臣下誤正名之事而耽於言辯，不僅失人君任臣之意，更使百姓染崇知之風。《指歸》認爲，追根究柢，臣下之所以失其職分，肇因於臣下見人君之所好，如上仁之君之好仁、上義之君之好義，臣下遂循其所好，令己

〔註100〕津逮本，學津本作「覈」。

身之言合乎仁義之辭，阿諛君上。因此，使臣下靜心無欲，即爲人君所應當格外注意；人君無心無欲，使臣下無所投其好而守於自身臣道，即爲《指歸》聖人修身去己以任人當分之意。人君是否虛靜無爲，關係國家是否得治，臣下之表現居其中介位置；臣下之用得當，玄教「有」之面向得以挺立，「玄」之反覆往來遂得順利運轉。

（二）刑名法術

《指歸》有云：「道德之情，正信爲常。變化動靜，一有一亡。覆載天地，經緯陰陽。紀綱日月，育養群生，逆之者死，順之者昌。故天地之道，一陰一陽。陽氣主德，陰氣主刑，刑德相反，和在中央。」（〈以正治國篇〉）《指歸》從道德中一無一有之變化，引伸論述天地之一陰一陽，與刑德相配，以「和」爲天地之道，作爲刑德之綱領；前文已明。《指歸》承此續論：

> 故王道人事，一柔一剛，一文一武，中正爲經。剛柔相反，兵與德連；兵終反德，德終反兵，兵德相保，法在中央。法數〔註101〕相參，故能大通。是以明王聖主，損欲以虛心，虛心以平神，平神以知道，得道以正心，正心以正身，正身以正家，正家以正法，正法以正名，正名以正國。正國綱紀，分明察理，元元本本，牽左連右，參伍前後，物如其所。正名以覆〔註102〕實，審實以督名。一名一實，平和周密，方圓曲直，不得相失。賞罰施行，不贏不縮，名之與實，若月若日。一名正而國家昌，一名奇而國家役。養國之密，無有所常，屈伸取與，與時俱行。繼亂任法，遭逆〔註103〕任兵，守平以道，體德爲常。大小相遇，以正相望。失正則化之，不從則禁之，不止則制之，不伏則伐之。（〈以正治國篇〉）

> 夫德之與兵，若天之與地，陰之與陽，威德文武，表裏相當，隱之

〔註101〕《指歸》之「數」多帶有依循、變化之義。嚴遵精熟《易》理，《易・繫辭上》有言：「參伍以變，錯綜其數。」《指歸》「數」之義或從此出。此處引文之「數」，參照下文之「參伍前後，物如其所」、「養國之密，無有所常，屈伸取與，與時俱行」，吾人可知此「數」爲變數之義：「法數相參」，意指「法」需因「數」而有所變易，「數」需因「法」而被體現。「法」需因「數」而有所變易，類於經權觀念的運用，儒家、法家均有相似說法。王德有《譯注》一書多釋「數」爲「氣數」，誤也。

〔註102〕津逮本，學津本作「覈」。

〔註103〕津逮本、學津本作「遂」。

玄域，不得已而後行。（〈用兵篇〉）

「刑德」之「德」與「玄德」之「德」，理論位階並不相同。「刑德」之「德」乃於氣上說，具「生」之義，遂亦有此名；然猶未能與理論位階更高之「玄德」相提並論。《指歸》將「兵德」相連之「德」，義近於「刑德」之「德」，亦與「玄德」之「德」不同；《指歸》藉道德之情一無一有論天地之道一陰一陽，復藉天地之道論王道人事一文一武，三者形式結構相近，義理內容實有殊別。王道人事之一文一武，於《指歸》文中以「中正」為其綱領，「法在中央」為《指歸》之「中正」落實地講；「中正」向下具體地說為「法」，「法」需合乎中正之理。「法」為王道人事之綱領，《指歸》指出「正法」是為了「正名」，國之綱紀得正，名實周密，賞罰不失。「正法」、「正名」應如何「正」？《指歸》指出應「法數相參」，「名」與「法」必需參佐「時變」。此「正」之根源，乃由修養主體體證大道、虛心損欲而來；《指歸》將「損欲以虛心，虛心以平神，平神以知道，得道以正心，正心以正身」之內聖工夫，與「正身以正家，正家以正法，正法以正名，正名以正國」之外王事業，連屬一體；此亦即《指歸》身國一體之理。〔註104〕「正法」、「正名」之「正」，皆有賴明王聖主之修養而得致，故《指歸》

〔註104〕　「損欲以虛心，虛心以平神，平神以知道，得道以正心，正心以正身，正身以正家，正家以正法，正法以正名，正名以正國。」並非儒家格物、致知、誠意、正心、修身、齊家、治國、平天下義理之平行移植、生搬硬套。儒家之格致誠正修齊治平與道家之內聖外王，皆有其內部義理之必然性，此由內推及外之論，可為二家之義理共構；儒道二家由內及外之結構相仿，義理內容實殊異，猶如韓愈所言「道與德為虛位」（〈原道〉）一般，語詞與結構之相近只是表象之相仿，二家之異實取決於義理內容上之發揮。《指歸》藉儒家修齊治平之多段說打開道家內聖外王之二分說，如同接《易傳》「一陰一陽之謂道」之結構以入《指歸》「有無反覆往來之謂玄」中，結構相似，義理內容仍以道家為依歸。

另一點值得吾人注意的，是《指歸》在由「家」通往「國」之中，加入了「法」與「名」的觀念，此即玄教「有」之面向的展現；由此可知，在《指歸》身國一體說中，政治角色的扮演與配合甚為重要性，居玄教「無」之面向的人君仍須居「有」面向之臣下的協助，故自然易於義理上導出人各有分、各守其分此些結論。關於《指歸》「分」之討論，參見上文。

至於何以「正法」在「正名」之前而非先「正名」、後「正法」，未見《指歸》殘卷有相關討論，故未能明之。「名」與「法」之釐定為臣下之責，然「名」、「法」二者之關係為何，吾人未能得知；吾人或可參佐〈出生入死篇〉之述：「修身正法，去己任人。審實定名，順物和神。參伍左右，前後相連。隨時循理，曲因其當，萬物並作，歸之自然。此治國之無為也。」「正法」偏於人才之任用，由於人君去己修身故能公正取才，有賢臣可用；賢臣既得，正法

曰：「修身正法，去己任人。審實定名，順物和神。參伍左右，前後相連。隨時循理，曲因其當，萬物並作，歸之自然。此治國之無爲也。」（〈出生入死篇〉）如以聖人具「以無應有」一面來說，「法數相參」之「數」爲「無」、「法」爲「有」。「法」、「名」即爲玄教「有」之面向，賴「無」之面向使其發揮正用。至於「兵德」則依於「法」不得已而後行：人君以正治國之外，大小之國亦均以正相望，然二國之一離中正而失自然，隱於玄域之「兵德」則顯之；〔註105〕猶若「萬物自取」下之「自生」，萬物離天地之道而自招刑德之刑一般（由於萬物行爲之進退取捨而有，與《指歸》義理上首出之「不生之生」下之「自生」有別；自招刑德之自刑於其義理觀念中亦屬「不得已而後行」）。國之出兵與萬物自刑不盡相同，雖皆是《指歸》同一思維之產物，然一於「王道人事」之下而有，一於「天地之道」下而有，吾人於義理層次上仍須有所區分。《指歸》認爲兵與德本應隱於玄域，即「玄德」不彰顯所爲行迹之義。兵與德有必要顯之於世之時，吾人之用必需合於「正」、合乎自然，否則將離其自身、喪其玄德；名實關係亦如是。〔註106〕

　　統攝陰陽刑德之理爲「和」，統攝人事兵德之理爲「正」（此間或有「政者正也」之意，故於人事政治上多言「正」）。「和」與「正」分別代表天道與王道（人道）之理，《指歸》認爲聖人藉掌握「和」與「正」，通貫天人，進而通達絕對虛無之「道」，使盛德分明：

　　　　是以聖人，柄和履正，治之無形。遊於虛廓，以鏡太清。遺魂忘〔註107〕魄，休精息神。無爲而然，玄默而信。〔註108〕宵然蕩蕩，昭曠獨存。髣髴輓逮，其事素眞。其用不弊，莫之見聞。夫何故哉？微

之事亦可轉由臣下理之，同時正名之事在「臣之所名，君之所覆」（〈民不畏死篇〉）下，名實相符。由於君臣相輔相成之故，國得治矣。吾人或可以此疏解《指歸》中何以「正法」在「正名」之前此問。

〔註105〕於此雖意指「兵」之顯，然由於「兵德相保」之故，「兵」乃以「德」爲基礎，而不窮兵黷武，「德」藉「兵」護其生生之德，而不輕易受摧殘。故此處「兵」之顯，實亦含「德」之義於其中，非單顯「兵」之義而已。

〔註106〕「名謬實易，正失德亡。」（〈方而不割篇〉）

〔註107〕怡蘭本、津逮本、學津本作「亡」。

〔註108〕何謂「信」也？《指歸》有言：「人懷自然之道，達人情之理，秉造化之元，明異同之紀，故若言中適，淡淡和德，謂之信者：下之所仰於上，彼之所取於此，強大之元，咸令之始，民人所助，成功之道，權勢所因，名號所起也。故一人唱而千人和，一人動而萬人隨，破強敵，陷大眾，赴水火，之危亡，死不旋踵而民不恨者，信也。」（〈信言不美篇〉）

妙周密，清靜以真，未有形聲，變化其元。開導如陽，閉塞如陰，

堤塍如地，運動如天。文武玄作，盛德自分。（〈大成若缺篇〉）

《指歸》認為王道人事一文一武，藉玄而起，「文武玄作，盛德自分」，玄德自然彰明。玄教「有」之面向不能脫離「無」或「玄」，無論是「法」或「名」（「文武」之「文」），抑或刑罰、兵事（「文武」之「武」），玄教皆將之納為「有」之面向，且由於其非《指歸》義理首出之觀念，故皆需以「無」鎮之；「和」與「正」即是在天道、人道下「以無鎮之」的代表。聖人清靜素真，因此其柄和履正而能玄運文武於無形；此亦即聖人合於自然之道，以之為楨榦，掌握天道（「和」）、人道（「正」），進而使王道人事之文武二者，化為無形（不得已而後行）；文武玄作歸於「正」，「正」歸於「和」，「和」歸於「自然」，玄德遂於其中透顯。聖人「玄默而信」即是「玄德」、「盛德」，亦即「淡淡和德」。〔註109〕人事之用需合於人道，人道與天道相貫通，然吾人須知：天道、人道仍非究竟，絕對虛無之大道方是諸道之歸宗；唯入於自然之道，方能免除自上德落於下德而常保玄德。玄教「有」之面向賴聖人所表現之「無」以貞定自身，刑名法術皆只作為權用，重點仍在「以有知無」上，以「知無」為歸趨。

由上之述，聖人「柄和履正」下玄教「有」之面向，其內容為刑名法術，「和」統攝陰陽刑德、「正」統攝文武兵德，「正」為天道（「和」）落於人間之表現，人道與天道有其高度相似性，與黃老之學論「法」之正統性來自於「道」相仿。黃老之學以「道」為宇宙之根源與規律，「道」表現於人間即為法制，「法」遂取得形上根源義，吾人可藉之回歸大道。〔註110〕黃老之學的「道──法」之論與漢代天人相應思想，二者皆有形上、形下相通之意，同時亦成為《指歸》吸收消化的義理資源。《指歸》將黃老之「道」解為「天道」，將「法」納入「人道」，天道與人道之內容有異曲同工之妙外，二者更有形式結構上之相似性，將天人相應思想鎔鑄於其中。明此即見《指歸》對道家內部之判教；吾人或可言：「和」與「正」代表《指歸》對黃老之學的吸收與轉

〔註109〕同上註。

〔註110〕「道生法。法者，引得失以繩，而明曲直者也。故執道者，生法而弗敢犯也，法立而弗敢廢也。」（《經法·道法》）、「法度者，正之至也，而以法度治者，不可亂也。」（《經法·君正》）、「是非有分，以法斷之。虛靜謹聽，以法為符。」（《經法·名理》）、「故唯執道者能上明於天之反，而中達君臣之半，富密察於萬物之所終結，而弗為主。故能至素至精，浩彌无形，然後可以為天下正。」（《經法·道法》）

化，將之內容表達得更顯虛無性，有相近之形式結構，更重要的是將二者置於「自然之道」底下，以自然爲二者歸宗；黃老在《指歸》中之地位乃偏居於聖人呈顯虛無之「階梯」（和、正）以及作爲玄教「有」之面向（刑名法術）二者上，《指歸》將義理中心讓予絕對虛無之大道，進一步指出「自然無爲」方爲道家最高義理結穴所在。《指歸》以「自然之道」收攝天道、人道，以自然無爲爲所指之歸，以虛無程度爲判教高下依準；「自然之道」臻於絕對虛無，天道、人道則僅位居相對虛無。由「和」、「正」入「道」，亦即表示《指歸》仍肯定黃老學之內容，以黃老爲梯，以自然爲歸，使猶有政教之迹的下德，復返爲上德。

三、無有雙運

聖人爲於不爲，與道周密，心神、動作亦與神明、太和符應。《指歸》有云：

> 上德之君，性受道之纖妙，命得一之精微，性命同於自然，情意體於神明，動作倫於太和，取舍合乎天心。（〈上德不德篇〉）

> 夫立則遺其身，坐則忘其心。澹如赤子，泊如無形。不視不聽，不爲不言，變化消息，動靜無常。與道俯仰，與德浮沉，與神合體，與和屈伸。……死生爲一，故不別存亡。此治身之無爲也。（〈出生入死篇〉）

> （聖人）動之以和，導之以沖，上含道德之意，下得神明之心。……遺精忘志，以主爲心。與之俯仰，與之浮沉。隨之臥起，放之屈伸。不言而天下應，不爲而萬物存。……殘賊反善，邪僞返眞，善惡信否，皆歸自然。（〈聖人無常心篇〉）

由體道者之「情意體於神明，動作倫於太和」可知，《指歸》在天人同構的比配中，將「心」比配予「神明」，將「身」比配予「太和」。聖人「遺其身」即「墮肢體」、「忘其心」即「黜聰明」，「動作倫於太和」本身即是順「道」之表現，﹝註111﹞「情意體於神明」亦即「休精息神」之表現。聖人入道，與

﹝註111﹞上德之君即爲體道者，一舉一動，無不合道。《指歸》又云：「道之所生，天之所興。始始於不始，生生於不生。存存於不存，亡亡於不亡。凡此數者，自然之驗、變化之常也。故人之動作，不順於道者，道不祐也；不順於德者，德不助也；不順於天者，天不覆也；不順於地者，地不載也。」（〈知不知篇〉）

道、德俯仰浮沉，與神明、太和合體屈伸。聖人入道如是，萬民入玄教之化亦如是。萬民如身，以主為心，隨之而臥起屈伸，聖人不言而萬民應。「神明」帶動「太和」，「心」帶動「身」，皆因入道、一體之故。

　　玄教之「無」、「有」交互運作，二者運作得當，則呈現「和」之效果，然此仍非究竟。無有雙運之究竟，為達「玄冥」之境，擺落玄教此工具性之用。無有雙運可分兩層次論說，一為工具性使用下的「玄歸於和」，一為入究竟之境的「通達玄冥」，以下分而述之。

（一）玄歸於和

　　在聖人「動作倫於太和」的表現上，上文雖指出刑名法術為玄教「有」之面向，然偏就形式的存在說，並未能彰顯玄教無有雙運所呈顯之和諧效果。今可以治國之生殺問題與大國與小國間之互動為例，以見《指歸》「以虛受實，以無應有」（〈大國篇〉）處事之特色，並呈顯玄如何歸於和。首先就聖人如何處理生殺問題來說。《指歸》有云：

> 天地之道，生殺之理，無去無就，無奪無與，無為為之，自然而已。……生為殺元，殺為生首，二者相形，吉凶著矣。故知生而不知殺者，逆天之紀也；知殺而不知生者，反地之要也。（〈勇敢篇〉）

> 當怒不怒，子為豺狼，弟為兕虎。當斗不斗，妻為敵國，妾為大寇。……故君子殺人如殺身，活人如活己，執德體正，不得已而後然。存身寧國在於生殺之間。生殺得理，天地祐之；喜怒之節，萬物歸之。（同上）

《指歸》認為，「天地之道，一陰一陽。陽氣主德，陰氣主刑，刑德相反，和在中央。」（〈以正治國篇〉）國君除明「道」外，亦應明「天地之道」，方能免弊端之生。「天地之道」以「和」為尚，陰陽之氣的刑德，即為天地之生殺，「和」為「生殺之『理』」而運生殺，國君明「天地之道」，以「和」為尚，刑德並用；《指歸》之黃老色彩，於此明顯可見。由上可知：《指歸》中國君操生殺，亦是無心無執於生殺，不得已而為之，一切依準於自然無為，以呈顯「不生之生」，並非僅為法制而高舉刑罰之用，係在「玄教」的「有」之面向下得用，為一權用。

　　次論大國與小國間之互動。《指歸》有云：

此「動作」所指即無為之為，為體道者所為。

大小相遇，以正相望。失正則化之，不從則禁之，不止則制之，不伏則伐之。（〈以正治國篇〉）

夷道若類，使正玄起，除其法物，去其分理。從民之心，聽其所有，減其文章，平其險阻。折關破鍵，使姦自止，壞城散獄，使民自守。休卒偃兵，爲天下市，萬方往之，如川歸海。（〈上士聞道篇〉）

其處小弱也，因道而動，修理而行，富以舟輿，實以甲兵。忠順誠素，尚樸貴耕。耕織有分，不取民有，上下和集，親如父子。君如腹心，民如形體，國專如一，可與俱死。上下順從，可與鄰市。大國之君，雖負眾強，上權右勢，左德下仁，心如飢虎，怒如涌泉，不好施子，常欲吞人，猶以得天之心，獲民之意，將相誠信，鄰人之助，發源泉之敵，揚不測之威，辱身厚體，竭誠懸命，欽欽惓惓，事以清靜，則彼神感精喻，心釋意壞，怒移禍徙，與我爲諾。〔註112〕（〈大國篇〉）

「大小相遇，以正相望」，此「正」非一般所指之剛正，而是「玄起」之「正」。〔註113〕大小兩國君以「正」相望，看似頗有儒家以禮相待的味道；此處之「正」實是「爲之以反」做其根基而來，故爲玄正，而與儒家以禮相待有實質上之差別。在理想狀態下，聖人以玄正除卻法度，使民自守，休卒息兵，使天下相互交往，各方無不歸順。然而在實際情況中，聖人可能居於小國而受大國之恃強凌弱，因此小國必需懂得自保。《指歸》提出的「失正則化之，不從則禁之，不止則制之，不伏則伐之」，乃是在國家有能力可行時方能爲之，方能表現大通和正下之生殺。小國面對大國非正之待時，必需充實「有」之一面：使國家富足強盛，使民忠厚素樸，不取人民所有，凝聚小國人民之心，藉助鄰國之助，開源根源的抗敵力量，揚振小國不可測之威，強健體魄；亦必需呈顯「無」之一面：屈辱身形、聽從命令、誠懇不已、冷靜對待。如此一來，大國無意吞我，和解相安。

　　值得注意的是，《指歸》文中樂觀地表達大國終得小國化正，但細而品之，此處小國充實「有」之一面，雖有「無」以爲鎮，其中實亦暗含必要時起而拒之的意味，使大國明白亦應以「正」相待。吾人在研讀《指歸》時，必須避免偏看「無」或「有」而忽視了另一面。

〔註112〕「諾」本作「妖」，王德有據〔宋〕陳景元《道德眞經藏室纂微篇》改，今從之。
〔註113〕「正」之相關論述，詳見第四章第三節〈玄教：道化政治之展現〉。

「正」之義在於使彼此不以非正待之，因此當怒則怒；《指歸》指出「當怒不怒，子爲豺狼」，「正」雖非一般所指之剛正，亦非全然消極接受。〔註114〕此「正」雖落在實際操作上來說，然理論上仍是以無性爲主，故不可依此即判《指歸》之說全爲道術之用。〔註115〕以黃老爲梯，以自然爲宗，「正」之義方得善解。「正」意在使人合道，無論是懷柔以對或起而拒之，其意皆在導引其同歸清靜。換言之，吾人之動作需以「正」化之，方合於大道，人與人之間，即可各安其分；國君之動作亦需以「正」化之，方能使國與國間除卻紛爭，終而萬方合集，回歸大道，相淪一體。上述此種和諧是透過技術上之操作而有，與下文通達玄冥的道化政治仍有所區別，遂分而論之。

（二）通達玄冥

《指歸》藉「玄」帶出「玄德」，「玄」爲憑藉之工具，非最高義理歸趨。《指歸》有云：「上德之君，體道而存。神與化倫，德動玄冥」（〈上德不德篇〉）、「下德之君，……取舍體於至德。託神於太虛，隱根於玄冥」（同上）、「聖人之動，無名爲務，……成功不居，德流不有。逃名遁勢，玄冥是處」（〈天之道篇〉），聖人運「玄」之義理歸趨爲「玄冥」，「玄冥」之動爲玄德，可知「玄冥」所指即爲不無不有之大道。上德之君體道抱德（上德）、德流不有，下德之君體德（至德、上德）遺迹（下德），二者有別：上德之君處「玄冥」而後有「玄德」，「深隱玄域」，〔註116〕下德之君則未至「玄冥」之境。下德之君修身雖未臻不無不有之境，然猶可云與大道關係密切，故謂之「隱根於玄冥」，

〔註114〕「嚴遵不像老莊那樣強調貴柔守雌，一味強調消極地順從自然，而是像稷下黃老學派和《淮南子》等那樣，強調人在發展、變化著的事物面前的能動性，認爲吉凶禍福在很多場合取決於人的態度和行爲。」參見王萍〈嚴遵、揚雄的道家思想〉（《山東大學學報（哲學社會科學版）》，山東：濟南，2001年第1期），頁74。《指歸》之黃老色彩，於此可見一斑。

〔註115〕王萍認爲，「嚴遵主張社會和諧，但並不反對等級制度及其忠孝概念，而是主張『君主專制，臣主定名』，嚮往『國有忠臣，家有孝子』局面，故而在卜筮之時，『與人子言依於孝，與人弟言依於順，與人臣言依於忠，各因勢導之以善』。這說明，與老子的『君人南面之術』一樣，嚴遵是要爲統治者提供更有效的治國御民之術。」（同上，頁74～75。）王氏之說，僅依文字表象之言，未深究《指歸》深意，驟下定論，實甚難令人信服。

〔註116〕《老子指歸・指歸輯佚・天下皆知篇》有云：「夫唯不敢寧居而增修其德者，則忘功而功存，故不居而不去。化與道均，不望其功；德與天齊，不求其報；遁功逃名，深隱玄域。雖欲不居，是以不去也。」（〔唐〕強思齊《道德眞經玄德纂疏》引）

吾人可於此云上德之君與下德之君有相同之處：上德之君「恬淡無爲而德盈於玄域，玄默寂寥而化流於無極」（〈上德不德篇〉），下德之君「美德未形，天下童蒙，四海爲一，蕩蕩玄默，與民俯仰，與物相望。」（同上），「玄默」爲二者共同之表現，二者以之有別於上仁之君、上義之君、上禮之君。「玄默」可作爲道家與非道家之外部分判依準，「玄冥」則可爲道家內部分判之依準。吾人藉有無反覆往來之「玄」上遂，最終達至「玄」之冥，即因大道之中不呈顯有無之反覆往來之故；「玄冥」即不無不有之大道，較「玄默」更能表達其爲《指歸》最高義理歸趨。

　　無有雙運，通達玄冥，玄教之君臣關係最終亦是以「玄冥」爲歸趨；唯回歸玄冥之前，聖人自覺地暫至玄教「無」之面向，以推動「玄」之運作。就聖人個體來說，聖人自身乃透過「虛」、「靜」、「泊」、「寂」、「嗇」、「微」等通達大道之境，能以「不無不有」之身呈顯無窮內容；然與「臣」（玄教「有」之面向）相提時，置聖人於「君」此一位置（玄教「無」之面向），實是將聖人暫且從「不無不有」拉至「無」上（從「絕對虛無」暫至最高之「相對虛無」），使「玄」之有無反覆得以開展，聖人即於玄教「無」之面向上收其「玄德」之效，德歸萬物。《指歸》有云：

> 大丈夫之爲化也，體道抱德，太虛通洞。成而若缺，有而若亡。其靜無體，動而無聲。（〈上德不德篇〉）

> （君子）事如〔註117〕秋毫，功如太山，爲大於細，治之縣縣。……常與事反，獨守其元。……是以聖人之建功名也：微，故能顯；幽，故能明；小，故能大；隱，故能彰；志在萬民之下，故爲君王。威振宇內，四海盡臣。懸命受制，莫有能當。德與天地相參，明與日月同光。（〈爲無爲篇〉）

大道虛靜、無形體〔註118〕可言，大道發動亦無聲無迹；大道之「靜」爲絕對

〔註117〕 津逮本、學津本作「不」，疑誤。

〔註118〕 《指歸》「其靜無體」之「體」非如王弼「體用」之「體」，非指「本體」。中國哲學「體用」此對範疇至王弼方確立，開後世使用之先河；然《指歸》中「體」作名詞用時，以「形體」爲解，全無「本體」之義。《指歸》殘卷中，僅見一例「道」、「體」連用：「道體虛無而萬物有形，無有狀貌而萬物方圓，寂然無音而萬物有聲。」（〈方而不割篇〉）此「道體」之「體」意指形體，而非如後世解作「本體」；《指歸》解之爲形體，於他處亦可見相同思想之處：「無爲者，道之身體而天地之始也。」（〈天下有始篇〉）《指歸》義理實具本體思想，然其所用之「體」字，全無「本體」義，此現象應可視爲《指歸》成書

之靜，非動靜相對之靜，而「抱德」為「動」、為「化」，聖人之生化亦即大道之動，乃大道內容之發用而有生生之德。此德即玄德，即因聖人「為之以反」，而有「成而若缺，有而若亡」之德。《指歸》「道德」連用，突顯二者關係之緊密：聖人「抱德」之前提為「體道」，「我道相入，淪而為一」（〈天下有始篇〉），先有「不無不有」之大道，後有大道發用之德；「道」為形上根源之實體、「德」（上德、玄德）指實體的發用。將此玄德自個人修身用於聖人理國上：聖人「體道抱德」，「體道」即聖人自身即是不無不有之大道，「抱德」則意指聖人為使「玄」得以發用，遂暫至相對虛無中最高之無的位置上，以「微、幽、小、隱」之姿位居玄教「無」之面向，爾後於「玄」發用後得其「玄德」，以之化民。換言之，聖人之「抱德」並不離「體道」，而「體道」亦不妨害其有「抱德」之應世表現。聖人從「不無不有」暫至「無」上，使「玄」之有無反覆得以開展，「抱德」而後能「施德」，所施之德「與天地相參」，如天地般生物，亦如天地不居生物之功，德歸萬物，臣民於玄德中各安其性分。「德歸萬物」乃聖人與大道二者之「終成因」，亦即萬物自然自生自正之義；聖人從「不無不有」暫至「無」上，並非有心有為之勉強，亦是與大道同之表現。

聖人「審於反覆，歸於玄默」（〈得一篇〉）、「玄達萬事，以歸無名」（〈萬物之奧篇〉），藉「玄」之有無反覆，使萬事萬物歸於無名，遊於玄冥；《指歸》亦將玄教之歸趨定為歸於玄冥。《指歸》有云：

> 眾人之教，變愚為智，化弱為強，去微歸顯，背隱為彰，暴寵爭逐，死於榮名。聖人之教則反之。愚以之智，辱以之榮，微以之顯，隱以之彰，寡以之眾，弱以之強。〔註119〕去心釋意，務於無名，無知無識，歸於玄冥。（〈道生一篇〉）

> 有為之元，萬事之母也。聖人得之，與物反矣。故能達道之心，通天之理，生為之元，開事之戶，因萬方之知，窮眾口之辯，盡異端之巧，竭百家之伎。王〔註120〕道人事，與時化轉，因之修之，終而復始。變化忽然，通神使鬼，形於無形，事無不理。窮於無窮，極

於王弼前之佐證，自義理上推測《指歸》應非後世所稱之唐宋偽作。

〔註119〕津逯本、學津本作「愚之以智，辱之以榮，微之以顯，隱之以彰，寡之以眾，弱之以強」。

〔註120〕本作「且」，王德有據怡蘭本、津逯本、學津本改，今從之。

乎無有，以能雕琢，復反其母。既覆又反，爲天下本，遊於玄冥，
終身不殆。(〈天下有始篇〉)

《指歸》認爲，「天地生於太和，太和生於虛冥」(〈得一篇〉)，「虛冥」即「玄冥」。玄教「常於無事，不言爲術，無爲爲教」(〈爲學日益篇〉)，有無反覆，天下歸之；聖人遊於玄冥，亦即遊於有、無之間，不無不有，與大道相入。天下歸於玄冥，與其說是歸於聖人，毋寧說是回歸大道。聖人之身不殆，君道之圓、臣道之方，與之俱存，王道人事皆於玄冥之下得其自正，旨於使民「去心釋意」；道人「虛無無爲，開導萬物」，德人「清靜因應，無所不爲」，運用於聖人理國上，道人居君位，德人可位居臣位，〔註121〕即上無爲、下無不爲，故謂大道乃「有爲之元，萬事之母」。玄教作爲一政治結構之設計，並非強調禮法制度面之制訂，而是強調政治結構「君——臣」間之相濟相成，人君以領導者之角色，使臣下有爲於諸事；臣下審名覆實、稽名核實，有爲於客觀制度之建立；再由人君審於反覆、爲之以反，使臣下所爲不趨於定有之流弊。如以魏晉「自然——名教」說之，「玄教」出於「自然」，「玄教」非以「名」爲教，而是以「玄教」統攝「名教」，使「名」得「無」之鎮，能貞定自身而不離其自身。在《指歸》義理中，玄教是道化政治的具體落實，然若全體皆入於道化政治中，其「教」之意味實乃不顯，甚或可說是可以被拋棄的，爲《莊子》所云之「相忘於江湖」。

「玄教」爲一「教」(教路)，「自然」方爲其「宗」(歸宗)，玄教有其玄妙，然並非不可擺落。在《指歸》中，實有另一有別於玄教的極致描述：

將相明知，人君有道，民務耕織，多積爲好。鄙樸在上，柔弱爲右，
貴忠敬信，下力賤巧。法明俗定，上下相保，未令而民從，不戰而

〔註121〕此處以理想治國情態說之，故使德人居臣位，乃將玄教下之簡情易性納入之故，仁人等易性爲德人而爲臣，故臣位於此不以仁人等說之。此外，依《指歸》義理推知，道人若居於臣位而表現其虛無無爲一面，則有「臣行君道」之危險；道人爲民，此無疑義，或可使之爲君，居君位而爲聖人，如其未能居之，其性分使之不宜爲臣，故道人可爲民、可爲君，然不可爲臣。
《指歸》認爲聖人不是每代皆有，亦即表明道人能位居君位，在機率上並不高：「盛德者爲主，微劣者爲臣，賢者不萬一，聖人不世出。」(《老子指歸·指歸輯佚·不尚賢篇》，〔宋〕陳景元《道德眞經藏室纂微篇》引)《指歸》指出，有盛德者爲君主，略差者爲臣屬，實意涵道人爲君、德人爲臣之義，而且在理想治國情態中，賢人乃萬人中出現不到一個，聖人也並非每代都有。由此可知，道化政治在實際施行上其困難性甚高，《指歸》自知。

敵恐，求利者不識難勝，趨名者不圖無罪。块然獨安，百姓不擾。損知棄爲，復歸太古。結繩而識期，素情而語事。約物修文，亡言寡志。皆合自然，各得其所。蔬食藜羹，無味爲甘。布衣鹿裘，無文爲好。危狹險阻，慄慄爲寧。寒礐僻迥，屬以爲厚，安樂謠俗，便習水土。道隆德盛，和睦鰥寡。接地鄰境，各自保守。精神不耗，魂魄不毀。性命全完，意欲窮盡。雞狗之音相聞，民人薪菜登山相視，澗溪共浴，相去其近，君臣不相結，男女不相聚。自生至老，老而至死，非傳主命，莫有來往。（〈小國寡民篇〉）

廢棄智巧，玄德淳樸，獨知獨慮，不見所欲，因民之心，塞民耳目。不食五味，不服五色，主如天地，民如草木。嚴居穴〔註122〕處，安樂山谷，飲水食草，不求五穀。知母識父，不覩宗族。沌沌偆偆，不曉東西。男女不相好，父子不相戀。不賤木石，不貴金玉。……非天之福，主知不知，而名無名也。（〈善爲道者篇〉）

在第一則引文中，先是敘述玄教所帶來的玄妙之效，「法明俗定，上下相保，未令而民從」；然於「損知棄爲，復歸太古」之後，轉而描述無有政教之太古。《指歸》此進一步之述，指出「君臣不相結」此點，亦即於玄教帶出玄德後，玄教本身是可以被擺落的，「君——臣」此組相對概念亦可被冥化，達至眞正的「無名」。此二則引文敘述「道化政治」所帶出之玄德場景，當此之際，已無「聖人」、「政治」可言，人民生活於「道化」之中，「聖人」、「政治」已不知爲何物。《指歸》不以玄教爲必需存在之政治形態，遑論黃老之學、儒家所肯認的政治制度，於《指歸》中皆可被擺落。《指歸》確有聖人中心傾向，然如認爲《指歸》乃爲君主制度立言，斯言差矣。

於此「道化生活」（此名較道化政治更爲貼近《指歸》大義）中，《指歸》有言：「當此之時，無鐘鼓而萬物足。百姓和〔註123〕洽，臣主相得。安土樂生，故死於嚴穴。遷徙去鄉，利雖百倍，不離其國。家有舟輿，無所運乘。戶有甲兵，無所施力。」（〈小國寡民篇〉）君臣仍守其性分，默默爲玄教運行而「各守其圓」，其「性分」不僅是人事「職分」義，更是天職天性義，故能於道化生活中仍能各行其事。道化生活中，君臣相得而不相結，人民除非傳君主之令，否則不相往來，在在顯示聖人的存在，以及臣民不以聖人爲至高權威的

〔註122〕本作「安」，王德有據怡蘭本、津逮本、學津本改，今從之。
〔註123〕怡蘭本作「和」，王德有以爲是，今從之。

思想；此時君臣民之關係近於互助合作，相濟相成，君臣民三種區分可不再是職位義，而可轉爲平等互助之功能扮演義，各依其天性扮演不同生活角色。從「君臣相得而不相結」此點上可知，君臣有性分運作之實，卻無需君臣之名：在原本玄教之中，君臣爲相對待之關係，猶若「我——你」關係一般，當吾人指出「你」時，「我」隨即溢出，「冥」即不存。今玄教已經帶出玄德，還歸玄冥狀態之際，人民無法指出誰爲人君，亦即無法指出誰爲臣下，玄德無迹，百姓遂皆謂我自然。君臣之生活角色無庸贅言，一如其政治角色，唯皆無名而無從得辨認；人民渾沌喜樂，不曉東西，飲水食草，澗溪共浴，得享天命，此即《指歸》人民之理想生活情境，人民務其生即爲其生活角色。

第四節　結　語

漢初時黃老爲官方統治之用，既有所用，思想發展亦受目的規範。當武帝獨尊儒術時，黃老不受重視，卻也讓道家思想重新回到無所爲而爲之路途上；此外，道家面對漢儒所產生的問題，思想發展隨之展現新契機。在尊儒的大環境下，《指歸》之基源問題即在於從中面對漢儒之弊，重新挺立道家思想。

在漢代道家學術流變中，調和儒道之課題逐漸形成。如《淮南子》在道體內容、宇宙起源和個人修養上傾向道家，在治理國家方面則以法兼儒道。《指歸》晚於《老子》，於進入帝國時代之漢代，即觸及如何會通儒道此議題。仁義既爲儒家所標榜，身處獨尊儒術的漢代，嚴遵並未進行強力的言辭抨擊，而是尋求共容。從《指歸》與《老子》對「道德廢，有仁義」之態度有所不同，即可見出。《老子》乃是道、德分立，道爲最高，德尤爲可取，仁義則是取諸中則下，仁、義、禮爲其所超越之對象；《指歸》則是道、德先分立，後連用，德與仁義皆符應自然，對上仁之君、上義之君皆採正面敘述手法，僅對爲亂之首的上禮之君，始有負面敘述。《指歸》以大道爲吾人回歸之鄉，亦接受通往大道之仁義之治，爲一不離自然之政治形態；不以道化政治爲唯一可被採行之政治形態。在政治社會混亂之時，《指歸》仍以道家之包容性收納儒家特色，非僅特顯儒弊而已。

在調和儒道之際，《指歸》雖承認儒家思想的獨立存在性，亦有所資取，然其中亦有異化儒家本質之可能。《指歸》中因「性」而異的仁人義人等，其性具濃厚氣意味，則是沾有漢代之時代色彩，亦未能代表儒家本質。此外，

儒家的格致誠正、修齊治平，在《指歸》的內聖外王結構中，則為「損欲以虛心，虛心以平神，平神以知道，得道以正心，正心以正身，正身以正家，正家以正法，正法以正名，正名以正國。」（〈以正治國篇〉）成為其身國一體說之展開說明，而二者僅有結構上之相似。儒家思想於漢代時未能以本來面目為人所識，《指歸》亦未能置身其外。

　　嚴遵注《老》實帶有濃厚莊學色彩。《老子》較顯道之玄妙，《莊子》則將道內在化，側重修養主體的虛靜觀照。《指歸》以《莊》解《老》，意圖從「人」出發，藉黃老的制度框架，使側於天道的《老子》與偏於人事的儒家產生交集，建構天人貫通的新出路。因此，《指歸》多以主體的虛靜觀照鋪演天道人事之一體，聖人在我道相入的情況下，得以推動玄德，生物潤民。《指歸》聖人形象之飽滿，其來有自。故《指歸》雖在政治制度上襲自黃老，然實含具莊學心性修養於理論中心。

　　在儒弊叢生的時代背景使然下，《指歸》之基源問題在於透過儒道會通，建立一套穩定當時社會的機制。〈言甚易知篇〉指出：「（聖人）時和以固國，玄教以畜民」，藉「玄教」固國畜民，即為《指歸》面對時代問題所提出之解決之道。《指歸》之「玄教」除賴聖人之以人領政，同時亦藉制度上無有面向之安排，在「以有知無」、「以無應有」下，使之得以運作。在《指歸》中，政治是為了回歸大道：自我修養是個體的回歸，玄教是集體的回歸。無論是個體或集體之回歸，吾人位處教路之何階段並不重要，重要的是教路通往的方向。「玄」之究義（玄冥），未必人人皆能體之、盡之；然於玄教中，人人皆能透過「玄」之反覆，當下得其自身有無反覆之和。於此教路上，人人可依自身之性，漫步於此教路上，或走或停；抑或「簡情易性」，選擇穩健平和地走入玄冥，「我道相入」。當下肯認有「性」之差別的種種存在，為《指歸》玄教一大特色，亦表現出道家包容萬物差異之精神。

第五章 結 論

第一節 研究成果之回顧

　　《指歸》文字雖恍惚不已，然義理脈絡自成體系，故可按圖索驥尋出其義理次第與間架。《指歸》義理以自然之闡發和玄教之建構爲其犖犖大者，以下即就形上義理與政治義理兩方面，分而述之。

一、形上義理方面

　　「道」之化係變於不變、動於不動，〔註1〕因此「無無無之無」處於「反」，「反」而「覆」之，所生非「無」而係「有」，〔註2〕「一」（德）中遂含有「有」；然「一」從「道」生，「無」之性遠多於「有」之性，故與「道」之性質最爲相近。「一」之變化有兩種可能：一路爲「無」、「有」於同一位階上平行交融（無法向上交融），一路爲向下一位階生出「有」。就前者來說，因「無無之無」之「有」反之生「無」，「無」之增加更逼近「無無無之無」，但至多只是逼近，仍舊無法與「道」形成一迴圈，且違背「有生於無」之原則，頂多是在「德」的位階中再與「有」交融；以此類推，「神明」、「太和」亦無法向上交融之。就後

〔註1〕〈天下有始篇〉有云：「夫道之爲物，無形無狀，無心無意，……。其爲化也，變於不變，動於不動，反以生覆，覆以生反，有以生無，無以生有，反覆相因，自然是守。」

〔註2〕〈知不知篇〉有云：「夫形動不生形而生影，聲動不生聲而生響，無不生無而生有，覆不生覆而生反。」「無無無之無」、「無無之無」、「無之無」、「無」此宇宙生成序列漸趨於「有」，皆因「無不生無而生有」、有性漸豐之故。

者來說，「無無之無」其「無」反之生「有」，「無之無」得「有」彌多，離「道」益遠，抽象性不若「一」純粹度之高而有所不同，故稱「二」爲「無之無」、「一」爲「無無之無」，以見二者之異；「太和」之「氣」概念益發濃厚，即因有性較「神明」爲豐。由上可知，「德」、「神明」、「太和」皆含「有」、「無」二性，就向下一位階生成而言，下一位階之「有」皆需因著上一位階之「無」，此即「有生於無」之義；就同一位階之自身而言，有無反覆交融變化，此即「玄」之義。唯「道」較特別，只含「無」性，向下生出「德」，在最高位階中沒有平行的有無交融變化而完成「玄」之一反一覆。《指歸》中，「玄」往往伴隨著「德」、「道德」運用之時出現，或於主體由下而上之修養論中出現；《指歸》中無一處是「道」與「玄」二者配對連結之用，可爲旁證。因「道」爲「玄冥」之境，「道」實僅具「無性」，「玄」無法在「道」之中形成一完整迴圈，故「玄之又玄」（由下向上）的最終結果是「玄冥」，以「道」之究極義，融攝「玄」之工具義（藉玄入道），自相對虛無回歸絕對虛無。

由上可知，《老子》道的雙重性在嚴遵《指歸》中不僅係屬於「道」上，「無性」爲嚴遵之「道」所有，「有性」於嚴遵之「德」所顯，「神明」、「太和」構成之氣化宇宙論，「道」、「德」二者皆「無爲」而使之生。「道」爲最究極之本體（無所謂價值不價值，卻又能因其「無無無之無」而無爲之生，此「作用」爲道之發用）；而「神明」又是因「德」之「無」而有，「神明」的「有」較「德」爲多，與「太和」同樣展現「氣」之特質，生出客觀天地萬物，說明客觀世界的由來，且皆因「無」、「無爲」而生，同時亦保有主體實踐的修養論義」。於「道」中不顯任何痕迹，於「德」中始有初步特殊化；「神明」因其有性漸增而使客觀世界與主體修養更加特殊化與落實化，除爲時間序列下生成之首，亦爲人能入道之根據。

綜上所述，在《指歸》中，《老子》「有生於無」命題可獲致思辨上之肯定與充實：（一）《指歸》以「無之又無」的思維方式，認爲「道」爲絕對虛無，自「道」以下諸位階皆有「無」、「有」於其中，萬物亦然，皆因「無」而得以向下賡續。（二）「自然」爲「道德」運用之綜合表現，不僅傳達《老子》思想重「道」、「德」、「無」、「反」等意涵，同時亦充實了「有生於無」此命題之內涵。（三）最重要的是，由《易》引入「玄」概念，意圖將易理以玄理攝之，亦使絕對虛無有動之由（「道之至數，……變化由反」），可將原本看似較爲被動的「無」之「有生於無」，說解爲「無生有」般之能動。吾人可

追問：若依「玄」之義，有無相反，形上學最高位階可否更弦爲「有」呢？
其解爲：不可。因形下世界確確實實爲「有」，若本體置換爲「有」，有生出
無，形下世界便需爲無形無名之世界，則爲悖論。因此，「有生於無」此命題
得以被承認，且無牟宗三所認爲道家之實有層僅爲一姿態，亦不會使人認爲
道家只有作用義。嚴遵的形上學架構，實將生命實踐與宇宙創生二者緊密相
連，同時點出一切的最終根源：「道」，是不落入時空之中的，無爲、無意志
的，生生於不生；萬有皆賴「無」以存，依循自然無爲以活身。

二、政治義理方面

在玄教中，政治角色是由生活角色發展出來的。生活角色有主從之分，
乃是因性分不同之故；政治角色雖因循生活角色之主從而來，然因凸顯職分
而構成政治之制度面。在道化生活中，「人樂爲主，曰帝也」（《老子指歸・指
歸輯佚・太上篇》，引自〔唐〕強思齊《道德眞經玄義纂疏》），眾人樂於受此
人導引，此「帝」只有範軌義與性分義，與世俗所言之皇帝大不相類。《指歸》
有云：「帝王根本，道爲元始。道失而德次之，德失而仁次之，仁失而義次之，
義失而禮次之，禮失而亂次之。」（〈上德不德篇〉）即在闡明「帝」本以「道」
爲其內容，君主內容之迭失而呈顯今日政治制度之貌。在道化生活中，人僅
具生活角色，「分」僅有範軌義與性分義二義；隨著道化生活的迭失，道化生
活的生活角色逐漸形成政治角色，因「知」之漸生，「分」之職分義由此而生，
「客觀制度」遂逐漸成形。君、臣、民此三種政治角色，在道化生活中，皆
爲「人」；今日說上德之君爲「君」，乃是在「玄教」意義下說的，待其集體
回歸大道，亦無「君」可言。

在君臣關係方面，《指歸》指出：「盛德者爲主，微劣者爲臣，賢者不萬
一，聖人不世出。」（《老子指歸・指歸輯佚・不尚賢篇》，〔宋〕陳景元《道
德眞經藏室纂微篇》引）聖人並非每代皆有，「爲於不爲」者方能有盛德而爲
聖人；爲人臣之賢者則是德行略遜於盛德者，萬中無一。《指歸》以德取人之
說，看似近於儒家，其實，「德」之內容，各有不同；《指歸》之「德」乃依
順道體自然虛無而動，而非儒家不誠無物之仁德。前文已明：聖人爲在位之
道人，然道人未必在位。聖人爲君，但無法期待人君一定會成爲聖人。但玄
教之成立需有聖人在位，方得以驅動，因此道化政治是要碰運氣的（期待聖
人在位）。道人不在君位，亦無法居臣位，否則將形成臣行君道之態勢。

在君民關係方面，《指歸》有云：「人之生也，懸命於君；君之立也，[註3]懸命於民。君得道也，則萬民昌；君失道也，則萬民喪。萬民昌則宗顯，萬民喪則宗廟傾。故君者，民之源也；民者，君之根也。根傷，則華實不生；源衰，則流沫不盈。上下相保，故能長久。」(〈天下有道篇〉)、「德有優劣，世有盛衰，風離俗異，民命不同。」(〈上德不德篇〉) 道化政治除與「德」有關，亦同時與「命」相繫。人君之行為舉措可影響民命，人民之安樂與否亦影響君命；君民相互懸命，相互影響，互為根本。君民相互懸命之命，兼具遭命、隨命二義，[註4]故君民一體而相互牽連。君主之品德修養將使其國家社會之風俗與他國不同，民命亦隨之不同。雖說「君者，民之源也；民者，君之根也」，然就相互影響的實際發生先後來說，人君之立牽動著人民之生，人君之立為道化政治是否可能之先決條件。

探其玄教之所以可能之原，乃在於《指歸》道家式之心身一體說。人君修身得道方能促使國家社會安定。《指歸》比較直截地將宇宙差序格局與政治差序格局相比附，其連結關鍵即嚴遵之心身觀，以為二者別而有序，卻又通為一體，[註5]玄教立基於此之上。上德之君猶如「玄教」之心臟，使有無兩面向能暢通流動；「玄教」雖為制度面之設計，亦需有德者居之，以人領政。「和」與「正」分別代表天道與王道（人道）之理，《指歸》認為，聖人藉掌握「和」與「正」，通貫天人，進而通達絕對虛無之「道」，使盛德分明。[註6]「玄正」得「和」以治國，乃《指歸》道化政治之理想，亦為其儒道會通模式之軸轄。在「天人合一」此大共識下，《指歸》以玄正得和之手法，將儒道進行初步會通；此嘗試以道家義理之「人」為本位，惜會通效力仍未能消融孟子派之儒家。

「玄教」之理論根基在「道德連用」，使由「玄」入「道」更具根源性與

〔註3〕 津逮本、學津本「人之生也」與「君之立也」二句均無「也」。
〔註4〕 此二義詳見第四章第一節〈神明與性論的建構〉。
〔註5〕 〈善建篇〉有云：「夫萬物之有君，猶形體之有心也。心之於身，何後何先？流行血脈，無所不存；上下表裏，無所不然。動與異事，虛以含神，中和名否，故能俱全。」(〈善為道者篇〉)、「我身者，彼身之尺寸也；我家者，彼家之權衡也；我鄉者，彼鄉之規矩也；我國者，彼國之准繩也；人主者，天下之腹心也；天下者，人主之身形也。故天下者與人主俱利俱病、俱邪俱正。主民俱全，天下俱然。家國相保，人主相連。苟能得已，天下自然。」《指歸》以心身之喻說明身國一體，為體道者將其心身結構反映於政治義理之產物，此連續觀亦反映於形上義理中。
〔註6〕 參見第四章第三節〈玄教：道化政治的具體展現〉。

合法性。吾人藉由「玄」之「爲於不爲」，〔註7〕進而達於大道之境，「游於無、有之際」〔註8〕、「常於爲否之間」。〔註9〕「玄」之「工具性」因具有「根源性」而有「合法性」，「玄」非一般形式工具，乃特殊形式工具，與語言文字等形式工具有別；「玄教」亦然。嚴遵〈君平說二經目〉：「昔者《老子》之作也，變化所由，道德爲母，効經列首，天地爲象。……陽道左，陰道右，故上經覆來，下經反往。反覆相過，淪爲一形。冥冥混沌，道爲中主。……下經爲門，上經爲戶。智者見其經効，則通乎天地之數、陰陽之紀、夫婦之配、父子之親、君臣之儀，萬物敷矣。」嚴遵認爲，「君臣之儀」與《老子》相通，乃因「君道在陰，臣道在陽」（〈民不畏死篇〉），二者「反覆相過，淪爲一形」，因此智者能透過「道爲中主」之玄教，開顯萬物。

　　「玄教」爲嚴遵建立儒道會通模式之成果。嚴遵所進行之儒道會通，道人、德人、仁人、義人、禮人此五人無論其虛無程度或儒道成分爲何，均爲一體相連，皆能獲得當下之肯定。嚴遵生命情調中，不僅有道家成分，可能亦有儒家成分內蘊其中。《漢書・王貢兩龔鮑傳》有云：「君平卜筮於成都市，以爲『卜筮者賤業，而可以惠眾人。有邪惡非正之問，則依著龜爲言利害。與人子言依於孝，與人弟言依於順，與人臣言依於忠，各因勢導之以善，從吾言者，已過半矣』。」嚴遵以說明利害進行因勢利導，或言「忠孝者，富貴之門」（〈座右銘〉），受導之人雖未至聖人、道人之境，只至禮人之境，亦是自「邪惡非正」回返於自然範圍內而獲得當下之肯定。嚴遵之生平記載與自述其志的〈座右銘〉，皆可作爲《指歸》儒道會通模式建構之旁證。

三、小　結

　　《指歸》以《莊子》、《易》學、黃老三者爲《老子》之蘊謂，〔註10〕以

〔註7〕　「（赤子）生而若死，新而若弊，爲於不爲，與道周密。」（〈含德之厚篇〉）爲於不爲，與道周密，玄德是矣，詳見第四章第二節〈修身與理國之貫通〉。

〔註8〕　「是以聖人，不爲有，不爲亡，不爲死，不爲生，游於無、有之際，處於死、生之間，變化因應，自然爲常。」（〈爲無爲篇〉）「明有無」爲聖人「簡情易性」之修養方法，其表現即爲游於有、無二者之間。

〔註9〕　「人主不言，而道無爲也。無爲之關，不言之機，在於精妙，處於神微。神微之始，精妙之宗，生無根蒂，出入無門。常於爲否之間，時和之元。」（〈至柔篇〉）「常於爲否之間」即「爲於不爲」、「變於不變」，爲「與道周密」之表現。

〔註10〕　傅偉勳認爲，蘊謂是「在通過思想史上已經有過的許多原典詮釋進路探討，歸納幾個比較有詮釋學份量的進路或觀點出來，裨能發現原典思想所表達的

《莊》爲主,《易》學、黃老爲輔,試圖開採《老子》深奧大義;因此,在《指歸》中,往往透露許多《莊子》氣息,收攝《易》學與黃老學,卻又能時時不忘以《老子》爲主體,使其注《老》之作呈顯一兼容並蓄之格局,將道家學術發展融化其中。需說明的是,黃老之學亦採《易》說爲用,故此處乃是將《易》視爲道家學術發展援用之資源。《老》、《莊》、《易》共冶一爐之情形,於《淮南子》中已顯現,《指歸》爲之發揚,義理層次之安排卻更爲明確,故對道體之義甚有豁顯之功。

在精確表達哲思之文字表述上,較之《老》、《莊》,《指歸》實有不足之處;然其體系架構宏大卻又不相矛盾,實在令人刮目相看。《指歸》之成就有二:一爲對「人」之關懷,無論是對人當下之肯定,或是在政治面之設計,皆略勝先秦道家一籌;二爲對儒道之會通有一初步探討,並提出己身會通之模式。此二大成就,在《指歸》中且能彼此相容無礙,殊爲難得。《指歸》義理確立「無」爲本體,且因無、有具有互通性、辯證性,故將天人關係中的氣化部分大幅減低,使天人架構呈顯清爽之思辨結構。但《指歸》對東漢在野從事學術研究之道家人士,究竟發揮多大影響力,則有待史料佐證。

第二節　日後研究方向之蠡測

一、以漢代老學流變探討魏晉玄學起源

孔老高下之品評,其前提是儒道交會已有一初步之發展。魏晉玄學應是在漢代老學流變的基礎上,重新審視孔老,再次吸取儒道學說內容,以提昇本有之儒道會通之發展。以漢代老學流變角度看待魏晉玄學之產生與發展,《指歸》蘊含多種玄學論題,大有可供進行此項學術探討之可能。今已可見出《指歸》義理蘊含許多尚待發展之觀念,如何積極尋找相關之學術傳播、演變史料,描繪出漢代老學流變對魏晉自然思潮形成之影響,即爲個人日後研究之重點。

二、玄學論題之延伸與開展

《指歸》義理雖自成一格,然在字詞使用上多承襲舊有詞彙,觀念字往往承載多層義涵,嚴遵雖使用自若,自成系統,然就哲學要求觀念應清晰明瞭來看,《指歸》之行文易使人解讀不全,莫衷一是。《指歸》義理實有其系

深層義理,以及此義理可能重新安排高低出來的多層次詮釋蘊涵」。參見氏著《從創造的詮釋學到大乘佛教》(臺北:東大出版社,1990年初版),頁27。

統，然系統相不明，不易掌握；但此或可能從而激發後人之思辨能力，拓展議題之討論空間。

三、氣性一路之人才品鑑

《指歸》性分說意在表達殊「性」異「職」，而「性」雖帶有氣質之性意味，然其背後又有一「自然」作為共通之性；從中即可再發展出如何認識眾人之性的知人之學，亦可激發吾人對「性」為德性抑或氣性之思考。如魏晉有劉劭《人物志》以鑑別官吏人才為目的，甚至進入品鑑一般人物才性的普遍範圍，並有才性同異離合之辨，對才與性之內容進行析論，逐漸將才性從儒家道德範圍內釋放出來；《指歸》雖非直接因由，然應係扮演著促使大環境產生此類思潮之推手。吾人亦可嚴遵著書書目來看，《周易骨髓注》應是探討形上原理、氣與吾人性命之關係，其書雖已亡佚，然吾人可以關注結合三者之討論所形成之風氣，及如何進入時代背景思潮之中，以致對魏晉玄學之形成有所影響。

附　錄

　　在本論文正文中，因部分附帶討論之內容篇幅較長且較爲外圍，故置於附錄中，以供查考。

　　收錄內容如下：

　　【附錄一】章句釐定：「天人之生」與「天之生人」

　　【附錄二】對《老子指歸》一書道涵義探索》之討論——以「道」爲討論中心

　　【附錄三】試論《指歸》「變化由反」之義

　　【附錄一】討論「天人之生」與「天人之生」章句釐定之問題，說明二者皆各有所長，亦有所短，處理章句造成的義理問題。【附錄二】釐清《老子指歸》一書道涵義探索》中對「道」的解說，亦可見出前人研究《指歸》之歧異性，處理道體內容之爭議。【附錄三】討論近人對「變化由反」的不同說法，處理道體變化之爭議。

　　讀者可與正文參看，以明《指歸》若非自然虛無則不演之義理。

附錄一　章句釐定：「天人之生」與「天之生人」

　　〈道生一篇〉有云：「無之無者生無者，無者生有形者。故諸有形之徒皆屬於物類。物有所宗，類有所屬。天地，物之大者，人次之矣。夫天人之生也，形因於氣，氣因於和，和因於神明，神明因於道德，道德因於自然：萬物以存。……三以無，故能生萬物。清濁以分，高卑以陳，陰陽始別，和氣流行，三光運，群類生。有形孿可因循者，有聲色可見聞者，謂之萬物。」

此處「天人之生」爲王德有依明正統道藏本、怡蘭本校改，然津逮本、學津本均作「天之生人」，何者爲是？吾人可參見《指歸》另一則引文：「有形有聲而使物自然者，地與天也。」(〈言甚易知篇〉)此處之「物」意指「萬物」。考察《指歸》「天地」、「萬物」二詞之運用，不少處爲「天地」、「萬物」二詞並舉，且無「萬物」包含「天地」之意。〔註1〕

王德有改「天之生人」爲「天人之生」，乃因前後文語勢之故。若依王德有之校改，吾人將得出【道德→神明→和→氣→形】此生成序列。然此「氣」具有模糊性，於此生成模式中，或有二解：(一)此「氣」爲「清濁有別、含囊陰陽之氣」；(二)此「氣」爲「陰陽和合之氣」。就前者而言，「太和」中有清濁和，「清濁」爾後成爲「天地」，可知「太和」之內容有「和」有「氣」，而「和」非「氣」，故不可將「太和」直接稱爲「氣」；就後者而言，陰陽交氣而生成人或群類，與能出陰陽之氣的「天地」有別，而此「和」應解作「太和」爲宜。若以前者爲解，「氣」爲「清濁有別之氣」，清濁爾後成天地，「形因於氣」之「形」所指爲「天地有形」，不包含「人」於其中(因「人」爲「陰陽和合之氣」而後生)，有違「天人之所生，形因於氣」此語；若以後者爲解，則「形因於氣」此語將有違「天地先開分而後和氣流行」之義。〈道生一篇〉此則引文看似有清楚之內涵定義，實則未必。

《指歸》言「氣」皆是就著陰陽之氣說，天地能施陰陽之氣而成萬物，然〈道生一〉此則引文中，將能施「氣」之「天地」歸於「形」，並說「形因於氣」，似有循環論證(arguing in a circle)之情事，以爲《指歸》有兩種定義並行之狀態。因此，當吾人視「形因於氣，氣因於和」爲一可依歸之說明，而欲將「形」、「氣」、「和」做出確切指陳時，皆將有失偏頗。《指歸》此段文字不宜作爲「天地」之內涵定義之最高依歸，斯可明矣。《指歸》於此雖未嚴格把持「形」、「氣」二者之定義，哲學嚴密性有所虛欠，然如暫放下對「氣」之義軌，以同情的理解來看，「形因於氣」一語實將上述二解法化約而有(「天」、「人」皆爲有形之物，由「氣」而成，只是此「氣」爲何階段、何種之「氣」，未加區分)，爲一方便理解之粗迹，無礙於《指歸》自成系統、脈

〔註1〕 如：「夫天地之間，萬物並興」(〈上德不德篇〉)、「天地無爲而萬物順之者」(〈聖人無常心篇〉)、「天地爲爐，太和爲囊，神明爲風，萬物爲鐵」(同上)、「天地由之，萬物以生」(〈行於大道篇〉)、「萬物不覩天地之所以，故可存也」(〈善爲道者篇〉)，以上諸例，爲「天地」與「萬物」分說，而「天地」之間有「萬物」宅居。

絡之大義；吾人可不必過度苛責之，然亦不可著實。

　　〈道生一篇〉此引文由於有義理上之模糊性，在使用之時必需謹慎處理。總的來說，「天地」有形卻能使「萬物」自然，「天地」爲有形之物中最大者，「人」則爲有形之物中次大者，亦爲萬物之一；其生成模式應如下：【和（太和之和）→天地（有形之物中最大者，由太和之清濁而來）→氣（天地施陰陽之氣）→萬物（由於「人」爲有形之物中次大者，可推知人爲萬物之首）】。

　　若依津逮本、學津本作「天之生人」，將「形」解作人之形軀，「氣」解作陰陽之氣，雖無上述「氣」之模糊性問題，亦可得出上述生成模式，然實與〈道生一篇〉之語勢不相合。「天之生人」較「天人之生」於義理上來得嚴密，然觀全文筆法，「天」常與「人」出現於並列句式之中，故仍採王德有之說。

附錄二　對《《老子指歸》一書道涵義探索》之討論 ——以「道」爲討論中心

　　陳儷文《《老子指歸》一書道涵義探索》，爲台灣學界關於《指歸》之第一本學位論文，後人多參考之；然其中有部分義理可再商議，略述如下。

　　陳氏認爲：「『道』即自然之思想，已脫離漢代學說中之宇宙生成論，……已帶有本體論之意。『道』爲自然，萬物以其爲最後根據或最高指導原則，……『故『道』非生成之母體，而是本體論之動（應作「洞」）識。』（筆者案：陳氏引金春峰《漢代思想史》之語）」（頁 65），陳氏於此處將「道」與「自然」劃上等號，「道」帶有本體論之意，「已」脫離宇宙生成論，然於後文中自亂規範：「在宇宙之中，有形之物均由『道』衍生而成，由『道』之具體下落於世界，物各依其稟受之多寡而化生爲不同之物，推其最終根源均源於虛無之『自然』。宇宙之發展過程在嚴遵書中已較老子更爲詳細，其以自然→道德→神明→和→形→氣，展示出宇宙生成的先後順序，『是鮮明的宇宙論思想』（筆者案：陳氏引金氏《漢代思想史》之語）」（頁 71），陳氏將「自然」、「道」置於宇宙生成序列中，與前文所稱「已脫離漢代學說中之宇宙生成論」之斷語有所出入；且於後文所列之宇宙生成的先後順序中，將「自然」列於「道」之前，「道」已爲絕對虛無、爲本體，陳氏此舉豈非認爲「自然」更虛無、於「道」更具理論優先性？與前文所稱「『道』即自然」相異。

　　另一點可諍處，爲陳氏於此將「道德」連稱，而與是書中採用王德有之

說（以「道」爲本體、理則，「德」爲原始混沌之物質）相異，義理前後並不統一。由於陳氏入手時接受王德有之說，後受金春峰關於「自然」見解之影響，因此認爲「《老子指歸》並未完全脫離生成論之範圍，故關於『自然』之概念，常常從生成論之思路提出並將其置於生成論之鍊條上」，自身未能覺察二學者學說之異，致使論文中兩種觀點並行：論「道」時採王氏觀點，論「自然」時採金氏觀點。

承上，陳氏亦誤解金氏說解「自然」之意。金氏乃是認爲：「道」即「自然」，只是《指歸》之「道」有本體論之意，其「自然」卻常置於宇宙生成論中述說。陳氏誤解金氏之說，故陳氏在說明「『道』即自然」後，又轉而認爲「自然」應置於宇宙生成論中，與「道」有別，然金氏之生成序列並無「自然」，乃陳氏自行增補。陳氏所據之文爲「形因於氣，氣因於和，和因於神明，神明因於道德，道德因於自然」，故有上述之生成序列。實則陳氏行文至此，拉進「自然」後，對「道」、「德」已經混淆未分；其文頁71～72，即轉而作出「道」爲「氣」之判斷，成爲其義理研究難以統一之處。嚴格說來，金氏未處理此問題，其說解「道」爲法則亦爲氣，致使陳氏未察與王氏之說，何異之有。

最後，陳氏於此宇宙生成序列中，另犯了一極爲明顯的錯誤，即「氣」應置於「形」之前。陳氏此生成序列實轉錄自金春峰《漢代思想史》，金氏於此不察，誤將「形」置於「氣」之前，陳氏轉錄之時未及覆核文獻，故其誤仍存。

附錄三　試論《指歸》「變化由反」之義

《指歸》有云：「道之至數，一之大方，變化由反，和纖爲常，起然於否，爲存於亡。天地生於太和，太和生於虛冥。」（〈得一篇〉）王德有、蔡振豐對《指歸》「變化由反」之義爲何，所見不同。何者爲是，略論如下。

王德有認爲，「道生一，一生二，二生三，三生萬物」此章，在《指歸》中之義應爲：「除了宇宙起始於一個抽象的法則『道』外，完全是一個物質世界演化的過程。《指歸》把這個過程概括爲『氣化分離』，即氣的變化分離過程」，王氏認爲，《指歸》的思維邏輯，有「向相反的方向轉化」之特點，以爲《指歸》之述乃「宇宙起源於虛無，必然轉化爲實有；天地萬物有形，必然生於無形」，故其評斷《指歸》：「沒有認識到轉化的特定條件及前提，從而

把具體的個別的事物由無生有的現象推廣到整個宇宙的起端，認爲具體的物質世界是由抽象的非物質的東西轉化而來的，因此陷入了謬誤」。王氏認爲「道」爲虛無、抽象的非物質的東西，「道」生萬物爲一種向相反方向之轉化。王氏之說乃建立於「道爲法則，德以下爲氣」之說上。王氏認爲，德、神明、太和等即《指歸》之「氣化分離」，因此《指歸》之體系爲「一個充塞著唯物主義內容的唯心主義體系」，此體系爲「抽象的法則和具體的物質分化過程膠合在一起的體系」。〔註 2〕

蔡振豐認爲王氏「向相反的方向轉化」之說值得商榷：「『天地生於太和，太和生於虛冥』並不是一種對反的發展，而只在說明天地的根源是虛冥。而且『變化由反，和纖爲常』的重點應落在『和纖爲常』；『變化由反』與『起然於否，爲存於亡』只是在說明對立反復並無常軌，不足以依之而爲向對立面發展的律則。本文以爲強調『否』、『亡』的目的應在扭轉俗見之判斷而致，其最後所論應爲無價值對立區分的虛冥狀態。」〔註 3〕蔡氏反對「變化由反」可上升成爲一律則，亦否定此律則之宇宙論義，以爲「變化由反」僅具修養論義，乃爲扭轉俗見。蔡氏認爲《指歸》之說，是立於心靈境界之無執而與客觀之道同源交感；客觀之道眞確存在，故吾人亦不可直接謂之與王弼「主觀的心靈境界」說相同。〔註 4〕

王氏之說重在強調「變化由反」之宇宙論義，蔡氏則認爲其僅具修養義。先就王氏之論來說，王氏過於偏重德、神明、太和之「有」的面向，因此以爲此三者均爲氣；吾人前文已論證「德」非氣，神明、太和就其整體亦只能說具氣概念，不可直謂之氣。至於蔡氏之說，或爲王氏之說過於強調氣，而爲蔡氏反對之由；蔡氏掌握大道精神乃「和纖爲常」，反對「變化由反」上升成爲一律則，認爲應以人之心靈作爲「變化由反」的詮釋主軸，意在破世俗之執。然吾人前文亦已明，形上位階（除道之外）皆具有無二性及反覆往來之妙；蔡氏將「變化由反」之宇宙論義全數刊落，亦不諦當。吾人以爲，王

〔註 2〕 以上所引詳見王德有《老子指歸》自序，北京：中華書局，1994 年，頁 10～11。

〔註 3〕 蔡振豐〈嚴遵、河上公、王弼三家《老子》注的詮釋方法及其對道的理解〉（《文史哲學報》第 52 期，2000 年 6 月），頁 114。

〔註 4〕 蔡氏認爲：「聖人的神明之功，不是建立在一種境界上，而是他取得一種客觀之道，在同源交感的運化之下，而有道的種種妙用。故此說之建立，雖與王弼同爲心靈境界之說，卻非以類比的思維來完成，其取向與王弼的『反本說』有不同之處。」（同上，頁 115。）

氏之論雖有過偏之處，然其掌握並非一無可取；蔡氏之說甚爲清朗，惜未能追究《指歸》宇宙論之特色，將「氣」背後亦是有無二性之義忽略，進而以爲「嚴遵的存身養神之與精氣之說並無關係」。〔註5〕關於《指歸》「神」與「氣」之關係，詳見正文第五章第二節〈會通模型之立：嚴遵注《老》的創造性詮釋〉。吾人以爲二說皆有所長，亦有所短。綜而言之，王氏之說將「變化由反」抬升至統攝「道」與萬物之地位，將其絕對虛無說至於一法則義，絕對虛無本身無實質內容，故「變化由反」即爲由虛無轉化至實有之「漸化」、「突變」。〔註6〕蔡氏之說則是偏重於體道者之精神層面，然由於蔡氏肯認客觀之道的存在，因此未將《指歸》之說釋爲如王弼般之完全的主觀心靈境界；但刊落「變化由反」之宇宙論義，亦非《指歸》原義。

　　吾人可對王氏此說進行修正，以爲可謂「漸化」而不可謂「突變」，「道」亦非僅具法則義而無實質內容。至於蔡氏之說，吾人僅需稍加提昇「變化由反」之義的理論地位，指出其於《指歸》宇宙生成中亦扮演重要地位即可。「玄」作爲一特殊形式工具，不僅具宇宙論義，亦是修養主體由「德」入「道」之要。「道」之理論地位在「玄」之上，「道」之「不無不有」義，吾人可藉由「玄」之助而明之。

〔註5〕 同上，頁114。
〔註6〕 王德有《老子指歸》自序，頁11～12。

參考書目

一、傳統文獻（依姓氏筆畫排列）

1. 班固，《漢書》，臺北：臺灣商務印書館，1981 年。
2. 劉安編、高誘注，《淮南子》，臺北：藝文印書館，1959 年。
3. 嚴遵，《老子指歸》，臺北：新文豐，1987 年。
4. 嚴遵著、王德有點校，《老子指歸》，北京：中華書局，1994 年。
5. 嚴可均校輯，《全上古三代秦漢三國六朝文‧全漢文‧卷四十二‧嚴遵》，京都：中文出版社，1972 年。

二、近人論著（依姓氏筆畫排列）

1. 王中江，《道家形而上學》，上海：上海文化，2001 年。
2. 王博，《老子思想的史官特色》，臺北：文津，1993 年。
3. 王德有，《嚴君平評傳》，南寧：廣西教育，1997 年 7 月。
4. 朱哲，《先秦道家哲學研究》，上海：上海人民，2000 年。
5. 牟宗三，《四因說演講錄》，臺北：鵝湖，1997 年 3 月。
6. 牟宗三，《才性與玄理》，臺北：臺灣學生書局，2002 年 8 月。
7. 牟宗三，《中國哲學十九講》，臺北：臺灣學生書局，2002 年 8 月。
8. 牟鍾鑒等，《道教通論——兼論道家學說》，濟南：齊魯書社，1991 年。
9. 何建明，《道家思想的歷史轉折》，武漢：華中師範大學，1997 年。
10. 沈清松，《物理之後：形上學的發展》，臺北：牛頓，1991 年。
11. 杜維運、黃俊傑編，《史學方法論文選集》，臺北：華世，1979 年。
12. 林聰舜，《西漢前期思想與法家的關係》，臺北：大安，1991 年。
13. 周桂鈿，《秦漢思想史》，河北：河北人民，1999 年。

14. 唐君毅，《中國哲學原論・導論篇》，臺北：學生書局，2004 年 10 月。

15. 徐復觀，《兩漢思想史》（卷一二三），臺北：臺灣學生書局，1979 年。

16. 徐復觀，《中國人性論史・先秦篇》，上海：上海三聯書店，2002 年 7 月。

17. 許倬雲，《求古編》，臺北：聯經，1982 年。

18. 張國華，《中國秦漢思想史》，北京：北京人民，1994 年。

19. 張運華，《先秦兩漢道家思想研究》，長春：吉林教育，1998 年。

20. 陶建國，《兩漢魏晉之道家思想》，臺北：文津，1986 年。

21. 陳廣忠、梁宗華，《道家與中國哲學》（漢代卷），北京：人民，2004 年。

22. 陳師麗桂，《戰國時期的黃老思想》，臺北：聯經，1991 年。

23. 陳師麗桂，《秦漢時期的黃老思想》，臺北：聯經，1997 年。

24. 黃錦鋐，《秦漢思想研究》，臺北：學海，1979 年。

25. 葛兆光，《中國思想史》，上海：復旦大學，2003 年

26. 熊鐵基，《秦漢新道家》，上海：上海人民，2001 年。

27. 蕭公權，《中國政治思想史》，臺北：聯經，1982 年。

三、專著中之章節（依姓氏筆畫排列）

1. 丁原明，〈黃老學的餘波〉，《黃老學論綱》，濟南：山東大學，1997 年 12 月，頁 302～307（總 334 頁）。

2. 王有三，〈嚴遵老子指歸十三卷（序跋提要）〉，《老子考》，臺北：東昇，1981 年 1 月 頁 34～44（總 312 頁）。

3. 王利器，〈道藏本《道德真經指歸》提要〉，《王利器論學雜著》，臺北：貫雅，1992 年 1 月，頁 424～457（總 845 頁）。

4. 王德有，〈《老子指歸》之道〉，《道旨論》，濟南：齊魯書社，1991 年 7 月，頁 71～83（總 226 頁）。

5. 任繼愈，〈漢代中後期道家思想的演變和道教的產生〉，《中國哲學發展史（秦漢）》，北京：北京人民，1998 年 5 月，頁 637～652（總 759 頁）。

6. 那薇、許抗生等，〈玄學的思想淵源〉，《魏晉玄學史》，西安：陝西師範大學，1989 年 7 月，頁 3～18（總 527 頁）。

7. 那薇、牟鍾鑒等，〈嚴君平的《老子指歸》〉，《道教通論—兼論道家學說》，濟南：齊魯書社，1991 年 11 月，頁 301～311（總 773 頁）。

8. 那薇，〈兩漢之交道家對現實的批判和直覺體悟——《道德真經指歸》〉，《漢代道家的政治思想和直覺體悟》，濟南：齊魯書社，1992 年 1 月，頁 148～246（總 279 頁）。

9. 金春峰，〈《道德指歸》的自然思想和社會政治思想〉，《漢代思想史》，北京：中國社會科學，2006 年 2 月，增補第三版，頁 351～372（總 556 頁）。

10. 祝瑞開,〈嚴遵的「道體虛無」的思辨哲學和以我爲中心的人生、政治哲學〉,《兩漢思想史》,上海:上海古籍 1989 年 6 月　頁 200～223（總 425頁）。

11. 張岱年,〈前漢中后期的道家之言—楊王孫與嚴君平〉,《中國哲學史史料學》,臺北:菘高書社,1985 年 6 月,頁 134～136（總 358 頁）

12. 張國華,〈兩漢之際的道家「老學」〉,《中國秦漢思想史》,北京:北京人民,1994 年 4 月,頁 168～186（總 218 頁）。

13. 張運華,〈道家自然思想的重大發揮——《老子指歸》〉,《先秦兩漢道家思想研究》,長春:吉林教育,1998 年 12 月,頁 257～286（總 370 頁）。

14. 陳玉林、彭永捷、李振綱,〈嚴君平《老子指歸》道家思想〉,《中國道家》,北京:宗教文化,1996 年 11 月,頁 137～139（總 339 頁）。

15. 陳廣忠,〈嚴遵《道德指歸》的思想特色〉,《中國道家新論》,合肥:黃山書社,2001 年 11 月,頁 527～562（總 677 頁）。

16. 黃釗,〈封建社會前期（漢——唐）道家思想的演變與發展〉,《道家思想史綱》,長沙:湖南師範大學,1991 年 7 月,頁 198～268（總 628 頁）。

17. 熊鐵基等,〈嚴遵在老學中的地位〉,《中國老學史》,福州:福建人民,1995 年 7 月,頁 167～181（總 526 頁）。

18. 鄭良樹,〈論嚴遵及其道德指歸〉,《老子論集》,臺北:世界書局,1983年 2 月,頁 143～172（總 217 頁）。

19. 鍾肇鵬、賈順先等　〈嚴遵〉,《四川思想家》,成都:巴蜀書社,1988 年3 月,頁 1～35（總 579 頁）。

20. 嚴靈峰,〈輯嚴遵老子注〉,《經子叢書（六）》,臺北:國立編譯館中華叢書編審委員會,1983 年 5 月,頁 1～63（總 1020 頁）。

21. 嚴靈峰,〈輯補嚴遵道德指歸論〉,《經子叢書（六）》,臺北:國立編譯館中華叢書編審委員會,1983 年 5 月,頁 63～189（總 1020 頁）。

22. 趙中偉,〈天人之際,大道畢矣——《老子指歸》的形上思維〉,《道者,萬物之宗——兩漢道家形上思維研究》,臺北:洪業,2004 年 4 月,頁141～171（總 482 頁）。

四、期刊論文（依時間順序排列）

（一）《指歸》暨嚴遵研究

1. 蒙文通,〈嚴君平道德指歸論佚文序〉,《圖書集刊》第 8 期,1948 年 6月。

2. 蒙文通,〈嚴君平道德指歸論佚文〉,《圖書集刊》第 8 期,1948 年 6 月,頁 26～38。

3. 嚴靈峰,〈嚴遵老子指歸中總序與說目的眞僞問題〉,《大陸雜誌》第 64

卷 2 期，1982 年 2 月。

4. 鄭良樹，〈從帛書《老子》論嚴遵《道德指歸》之真偽〉，《古文字研究（七）》，1982 年 6 月。

5. 王德有，〈老子之道及其在魏晉以前的演變〉，《中國哲學史研究》1984 年第 1 期，1984 年 1 月。

6. 鄭萬耕，〈嚴君平哲學思想述略〉，《北京師範大學學報（社會科學版）》1984 年第 3 期，1984 年 3 月。

7. 王德有，〈《老子指歸》自然觀初探〉，《哲學研究》1984 年第 9 期，1984 年 9 月。

8. 那薇，〈嚴君平《道德指歸》淺析〉，《社會科學研究》1985 年第 3 期（總 38 期），1985 年 5 月。

9. 鍾肇鵬，〈嚴遵的《老子指歸》及其哲學政治思想〉，《世界宗教研究》1985 年第 2 期（總 20 期），1985 年 6 月。

10. 那薇，〈嚴君平所崇尚的理想人格〉，《孔子研究》1990 年 2 期，1990 年 6 月。

11. 王德有，〈嚴遵與王充、王弼、郭象之學源流〉，《道家文化研究（四）》，上海：上海古籍，1994 年 3 月。

12. 王卡，〈兩漢之際的儒學與老莊學〉，《道家文化研究（八）》，上海：上海古籍，1995 年 11 月。

13. 王德有，〈兩種黃老學說——黃帝四經與老子指歸之異同〉，「道家文化國際學術研討會」論，1996 年 8 月 11～16 日。

14. 鄭星盈、黃開國，〈試論嚴君平的學術思想〉，《社會科學研究》1997 年第 6 期，1997 年 12 月。

15. 魏啟鵬，〈《太玄》·黃老·蜀學〉，《道家文化研究（十二）》，北京：生活·讀書·新知三聯書店，1998 年 1 月。

16. 王德有，〈嚴遵引易入道簡論〉，《道家文化研究（十二）》，北京：生活·讀書·新知三聯書店，1998 年 1 月。

17. 吳儀鳳，〈《老子》王弼注、河上公注、嚴遵《道德指歸》三家注本比較〉，《孔孟月刊》第 36 卷 6 期（總 426 期），1998 年 2 月。

18. 王克奇，〈漢代的道家和異端思想〉，《文史哲》1998 年第 5 期，1998 年 9 月。

19. 趙雅博，〈從《道德指歸》看嚴遵的思想（上）〉，《哲學與文化》第 26 卷第 1 期（總 296 期），1999 年 1 月。

20. 趙雅博，〈從《道德指歸》看嚴遵的思想（下）〉，《哲學與文化》第 26 卷第 2 期（總 297 期），1999 年 2 月。

21. 鄭良樹，〈《老子》嚴遵本校記〉，《書目季刊》第 32 卷 4 期，1999 年 3 月。

22. 張濤，〈嚴遵易學思想淺析〉，《內蒙古師大學報（哲學社會科學版）》1999 年第 3 期，1999 年 6 月。

23. 元正根，〈淺析《老子指歸》的思維方式——「無○之○」與「不○之○」〉，《中國哲學史》1999 年第 3 期（總 27 期），1999 年 8 月 25 日。

24. 張實龍，〈嚴君平解讀《老子》之方法〉，《安慶師範學院學報（社會科學版）》第 18 卷第 4 期，安徽：安慶師範學院，1999 年 8 月。

25. 蔡振豐，〈嚴遵、河上公、王弼三家《老子》注的詮釋方法及其對道的理解〉，《文史哲學報》第 52 期，2000 年 6 月。

26. 張運華，〈《老子指歸》「道開虛無」的自然哲學〉，《湘潭大學社會科學學報》第 24 卷第 4 期，廣東：湘潭大學，2000 年 8 月。

27. 陳師麗桂，〈《老子指歸》的聖人論〉，《中國學術年刊》第二十二期，臺北：臺灣師範大學國文研究所，2001 年），頁 117～145。

28. 王萍，〈嚴遵、揚雄的道家思想〉，《山東大學學報（哲學社會科學版）》2001 年第 1 期，山東：山東大學，2001 年。

29. 薛公忱，〈《老子指歸》的生命觀〉，《南京中醫藥大學學報（社會科學版）》第 2 卷第 1 期，江蘇：南京中醫藥大學，2001 年 3 月。

30. 杜保瑞，〈嚴君平《老子指歸》哲學體系的方法論檢討〉，《哲學與文化》第 330 期，2002 年 10 月。

31. 楊玉輝，〈《老子指歸》的養生思想〉，《宗教學研究》2004 年第 4 期，2004 年。

32. 林俊宏，〈《老子指歸》之政治思想試論〉，《政治科學論叢》第 2 期，2004 年 12 月。

（二）其　他

1. 陳師麗桂，〈漢代的氣化宇宙論及其影響〉，《道家文化研究（八）》，上海：上海古籍，1995 年 11 月。

2. 韓敬，〈西漢時期學術思想發展概述〉，《雲南社會科學》1999 年第 1 期（總 107 期），1999 年 2 月。

3. 李遠國，〈道家天人和合觀探微〉，《江西社會科學》，2000 年第 8 期，2000 年。

4. 黃開國、鄭星盈，〈巴蜀哲學發展略述〉　四川：《四川大學學報（哲學社會科學版）》，四川：四川師範大學 2002 年第 6 期（總第 123 期）。

5. 金生楊，〈巴蜀易學淵源〉，《四川師範大學學報（社會科學版）》第 31 卷第 3 期，四川：四川師範大學，2004 年 5 月。

四、學位論文（依時間順序排列）

1. 鄭月梅,《春秋戰國之巴蜀文化》,政治大學中文所碩士論文,李威熊教授指導 1986 年。

2. 洪進業,《西漢初年的黃老及其盛衰的考察》,臺灣大學歷史所碩士論文,韓復智教授指導,1991 年。

3. 張建群,《兩漢儒、法思想研究》,中國文化大學中文所碩士論文,陳師麗桂指導,1996 年。

4. 陳儷文,《《老子指歸》一書道涵意之探索》 輔仁大學中文所碩士論文,曾春海教授指導,1997 年。

5. 簡松興,《西漢前期天人思想研究——以《淮南子》、《春秋繁露》、《史記》為中心》,輔仁大學中文所博士論文,陳師麗桂指導,1998 年 6 月。

6. 劉爲博,《嚴遵《老子指歸》研究》,臺灣師範大學國文所碩士論文,陳師麗桂指導,2000 年。

7. 陳盈秋,《《老子指歸》的政治觀》,臺灣大學政治所碩士論文,林俊宏教授指導,2005 年。